· 静 安 教 育 ·
学习活动设计与实施系列丛书

指向核心素养学习活动的设计与实施

高中历史分册

主编

左卫星

上海教育出版社
SHANGHAI EDUCATIONAL
PUBLISHING HOUSE

丛书编委会

总　编

陈宇卿

编　委

邱中宁　陈青云　周　瑾
黄根初　汪振兵　丁银娣

丛书总序

2017 年,教育部组织编制的高中各学科课程标准中明确了学科核心素养的概念与实施要求。2020 年,新修订的高中各学科课程标准指出:"学科核心素养实际上是学科育人价值的集中体现,是学生通过学科学习而逐步形成的正确价值观、必备品格和关键能力。"

2019 年,国务院办公厅发布的《关于新时代推进普通高中育人方式改革的指导意见》,强调普通高中教育已经进入到以内涵发展、提高质量为重点的发展新阶段,并指出了普通高中教育目前还存在素质教育实施不全面的问题,需要通过推进普通高中育人方式的深度改革加以破解和应对。

上海静安区的高中教育历经"十一五""十二五""十三五"的教育部重点课题的区域推进、实施,实现了区域办学质量的高位均衡发展。但是,面对进一步深化课改的要求,我们的课堂教学仍然需要解决学科核心素养有效培养的问题,尤其需要开展有效发展和提升学生正确价值观、关键能力、必备品格的路径和方法的教学设计研究与课堂转型行动。静安区教育局决定自 2022 年 2 月至 2025 年 1 月,在全区高中学段开展"基于学科核心素养的学习活动设计与实施的专项行动"。

我们认为只有让学习真实发生才能有效激发学生的素养形成和发展。著名物理学家爱因斯坦说过,"学习就是思考、思考、再思考"。学习论学者加涅认为,"真实学习的发生一定伴随学生能力倾向的变化和发展,一定存在学习者与环境信息的交流与加工"。由此可见,学生的学科观念、学科素养是在具体学习过程中得以内化,在相关学习任务的完成中得以固化,在综合实践问题的解决中得以发展。因此,我们要基于学科核心素养目标,选择适切的真实情境,以问题引导、以任务驱动,通过学生深度的思考、实践的学习过程,实现学科核心素养的发展。区域开展基于学科核心素养的学习活动设计与实施的行动,能很好地指导教师丰厚教学性知识、深刻学习理念、精湛教学实践技能,实现课堂教学的深度转型。

人的基本能力分基础认知力、思想力和行动力。基于此,我们开展基于学科核心素养的学习活动设计与实施的专项行动,力求达到三个目的:进一步强化教师对学科核心素养内涵和学习理念的深刻认识;提升教师基于发展学生学科核心素养的课堂学习活动(包括综合实践活动)的设计和实施能力;提高学科教研组、备课组等教学研究组织围绕学生学科核心素养发展和课堂真实学习活动发生的深度研修力。

本次"基于学科核心素养的学习活动设计与实施的专项行动"的科目,以教育部颁发的《普通高中课程方案(2017 年版 2020 年修订)》中所明确的课程科目为基础,兼顾综合实践活动或劳动。"行动"的主体主要是教研组,或备课组、跨校学科研究小组、学科实训基地等。行动的主要内容围绕学生学科核心素养发展具体目标而进行,主要有:

① 制定学习活动设计、实施的三年研修方案。因为,没有集体性的、深度的教研,很难完成集体的前瞻性项目。借"基于学科核心素养的学习活动设计与实施的专项行动"来实现教研的深度化,也是本行动重要目标。

② 形成学科或劳动与综合实践教学内容模块学习活动设计与实施案例。

③ 固化并显性呈现各学科的研究成果,以供教师借鉴。行动要求以"项目"为开展形式,凸显行动的研究性与实践性。

根据教师教学性知识的结构特征、发展规律,以及相关人的学习理论、认知规律,从 2022 年 2 月至 2025 年 1 月,我们设计的专项行动采取分步、分层、分项开展和实施,如图 1。

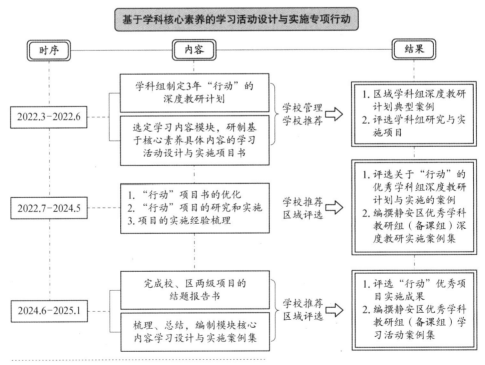

图 1　静安区高中学段基于学科核心素养的学习活动设计与实施专项行动基本内容

静安区教育局教研室承担大力宣传、指导和组织推进工作。首先,我们通过研制相关教学实践工具,指导、规范基于学科核心素养的学习活动设计基本要素和实施流程,让广大教师以思想为先导,以认识引领实践,明确学习活动的目标意识,清晰课堂引入环节之真实情境的价值和功能,以及针对学习问题解决的相关学习任务设计与要求。具体操作内容要素、实施流程如图2。

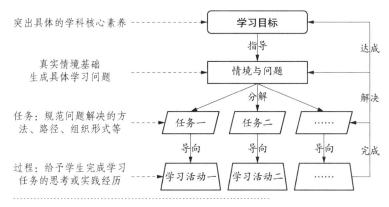

图2　静安区高中学段基于学科核心素养的学习活动设计的基本内容架构与流程

其次,我们通过提供"学习活动内容与要素构成的设计工具表",帮助教师较快地理解学习活动设计的一些关键要素和要求,形成单元架构意识,提升实践品质。

表1　模块教学内容、目标与课时内容主题、目标

模块教学内容	
模块内容目标	
	关联课时内容
分主题名	分主题或课时目标
1. ……	
2. ……	
3. ……	

表2　学习活动目标、问题、任务、过程、评价

分主题或课时主题				
分主题或课时目标				
情境与主问题描述				
相关任务	**任务目标**	**任务内容**	**活动过程**	**活动结果**
任务一				
任务二				
——				

　　静安区高中学段基于学科核心素养的学习活动设计与实施专项行动,已经历全面发动和专业培训、案例形成与优选、课堂实证与改进三个关键环节,十多个学科组均形成了一批具有典型意义的设计案例,并由此积累了有价值的实践经验。为此,静安区教育局决定以学科为单位,编撰"静安教育学习活动与实施"系列丛书,既鼓励、鞭策区域教师对学科核心素养有效培养的实践活动深入、持续开展,也将静安的经验分享于广大教育同仁。

上海市静安区教育局

上海市静安区教育学院

丁银娣执笔

2023 年 10 月

目　录

锚定核心素养　立意单元教学　设计学习活动

（代总论）

左卫星

一

课程改革大约十余年一轮,本轮启动于 2013 年前后,其标志性事件是教育部启动普通高中课程方案和各学科课程标准的修订,到《中学历史课程标准(2017 年版)》面世,新一轮高中历史学科改革全面铺开。

相较过往,本轮课程改革的最大亮点是"以人为本"。课程标准在修订启动时,就明确了修订工作的指导思想:"以马克思列宁主义、毛泽东思想、邓小平理论、'三个代表'重要思想、科学发展观、习近平新时代中国特色社会主义思想为指导,深入贯彻党的十八大、十九大精神,全面贯彻党的教育方针,落实立德树人根本任务,发展素质教育,推进教育公平,以社会主义核心价值观统领课程改革,着力提升课程思想性、科学性、时代性、系统性、指导性,推动人才培养模式的改革创新,培养德智体美全面发展的社会主义建设者和接班人。"[1]这里,培养目标直白明确地落实于人。

在"以人为本"的大前提下,本轮课程改革重点推出了核心素养和学科核心素养。教育部在2016 年 9 月发布的《中国学生发展核心素养》中明确界定了学生发展核心素养的内涵和外延,它是指"学生应具备的能够适应终身发展和社会发展需要的必备品格和关键能力。核心素养以培养全面发展的人为核心,分为文化基础、自主发展、社会参与三个方面,综合表现为人文底蕴、科学精神、学会学习、健康生活、责任担当、实践创新六大素养"[2]。"学科核心素养是学科育人价值的集中体现,是学生通过学科学习而逐步形成的正确价值观念、必备品格和关键能力。历史学科核心素养包括唯物史观、时空观念、史料实证、历史解释、家国情怀五个方面。唯物史观是诸要素得以达成的理论保证,时空观念是诸素养中学科本质的体现,史料实证是诸素养得以达成的必要途径,历史解释是诸素养中对历史思维与表达能力的要求,家国情怀是诸素养中价值追求的目标。通过诸素养的培育,达到立德树人的要求。"[3]

---

[1] 徐蓝、朱汉国:《普通高中历史课程标准(2017 年版)解读》,北京:高等教育出版社,2018 年,第 I 页。
[2] 徐蓝、朱汉国:《普通高中历史课程标准(2017 年版)解读》,北京:高等教育出版社,2018 年,第 48 页。
[3] 中华人民共和国教育部:《普通高中历史课程标准(2017 年版)》,北京:人民教育出版社,2018 年,第 4 页。

一般认为,学科核心素养相对于以往改革中提及的"双基"和"三维目标"本质上的区别在于核心素养是落实于人、体现于人。如何体现于人？体现于人的价值观念、必备品格和关键能力,关键能力则集中体现于人的思维品质。

上海早于全国,在2010年就先行启动了有关学科核心素养的研究,当时讨论稿就认为:"中学历史课程的核心素养是基于唯物史观的见证知史、求实重德。它体现在观察、认识历史及有关问题的思想、行为中,包括寻史知真、释史求通、鉴史立德,以及证据意识、发展观念、兼容气度、民族精神、全球胸襟、时代责任等有利于持续发展的思维品性。其中,释史求通是中学历史课程的核心能力。"全国版《普通高中历史课程标准》在讨论过程中也曾一度表述为:"历史学科核心素养是学生在学习过程中逐步形成的具有历史学科特征的思维品质和关键能力,是历史知识、能力和方法、情感、态度和价值观等方面的综合表现。主要包括时空观念、史料实证、历史理解、历史解释和历史价值观。"两者不约而同地都指向学生的思维品性、思维品质。

学生的思维品性或思维品质如何表现？表现于他们的学习活动中。

二

单元是依据课程标准或课程纲要,围绕主题(专题、话题、问题)或活动等选择学习材料并进行结构化组织的学习单位。单元向上承接课程目标,向下统领单元内容的课时目标、内容、活动、作业、评价、资源等。[①]

为何要立意单元教学？且先看本轮课程改革推出的历史教材具有怎样的特点。

"普通高中历史课程由必修、选择性必修、选修三类课程构成,采用通史与专题式相结合的方式。历史必修课程是全体高中学生必须修习的课程,是普通高中学生发展的共同基础课程,设《中外历史纲要》模块。课程内容分为中国古代史、中国近现代史和世界史三个部分,每个部分的内容均在历史时序的框架下,由若干学习专题构成。通过中外历史上的重要的事件、人物和现象,展现人类社会从古至今、从分散到整体、从低级到高级的发展历程,使学生进一步了解或认识人类历史

[①] 上海市教育委员会教学研究室:《中学历史单元教学设计指南》,北京:人民教育出版社,2018年,第1页。

演变的基本脉络以及丰富多样的历史文化遗产。"①课程标准明确地告诉我们必修课程《中外历史纲要》重点展示历史上"重要"的事件、人物和现象，要求学生了解或认识的是"人类历史演变的基本脉络以及丰富多样的历史文化遗产"。以"纲要"来作为必修教材的名称，也就是要体现其"纲目""要义"的特点，在这种特点下，教材的概括性就非常强，内容就相当浓缩，现在的教材中的一课基本上相当于过往教材的2—4课内容，最极端的情况差不多是现在的一课相当于以往7课内容。这样浓缩的教材也就具备了以往教材中的单元特征。所以，单元立意应运而生。

再看选择性必修教材。"历史选择性必修课程是必修课程的递进与拓展，从3个主要的领域呈现更为丰富多彩的历史内容，提高学生的学习兴趣，引领学生从多角度认识历史的发展与变迁。"②"选择性必修课程和选修课程采取专题史方式，旨在让学生从多角度进一步了解人类历史的发展。历史选择性必修课程是学生根据个人兴趣、升学需求而选择修习的课程，设国家制度与社会治理、经济与社会生活和文化交流与传播3个模块。各模块由若干学习专题构成，在各专题下的具体内容依照时序进行表述，呈现中外历史多方面的重要内容，引领学生从政治、经济与社会生活、文化等不同视角深入认识历史。"③课程标准中这两段有关选择性必修教材特点的论述，凸显了"递进"与"拓展"的特点，同时也凸显了"专题史"的方式，这种以专题方式去递进与拓展必修的内容，酷似以往的专题复习，当然也就具备了与专题教学具有颇多共性的单元教学的特点。

从教学实践看，单元意识事实上是课程意识与课时意识之间的中观意识。从宏观角度看，每一位教师都应该树立学科的课程意识，对本学科的核心任务、教学内容、考核评价等具备综合意识，在具体教学中又要对每一课时、每一节课有着清晰的微观安排。其实，单单具备以上宏观、微观意识仍不全面，还需要对某一学期、某一单元进行规划。抛开具体的学科内容，对核心素养的培育无须每一节课都全面涉及，可以在一个单元内某一节课重点培育时空意识，某一节课重点培育史料实证，某一节课重点突出历史解释；同理，史学思想方法的实践并非每节课都要重复，而是需要一节节课相互关联，逐步递进。以史料实证为例，可以先培育学生的史料意识，初步形成"论从史出，史由证来"的观念，即所有的叙述和观点都需要史料作为支撑，其后再慢慢去考虑史料的证史

---

① 中华人民共和国教育部：《普通高中历史课程标准（2017年版）》，北京：人民教育出版社，2018年，第9页。
② 中华人民共和国教育部：《普通高中历史课程标准（2017年版）》，北京：人民教育出版社，2018年，第10页。
③ 中华人民共和国教育部：《普通高中历史课程标准（2017年版）》，北京：人民教育出版社，2018年，第9页。

价值高低,何种史料会更有说服力,再往后则应是学会不同类型史料的搭配,如原始史料与转手史料进行搭配,当时人、当事人留存材料跟与史事无关的第三方留存史料进行组合搭配,图片史料与文字史料配合,数据史料与现代音像史料组合,有意史料与无意史料搭配。到更高层次,再考虑尝试辨析史料作者的立场,分析史料留存者的主观意图,探究其所处的社会环境,尝试在证"实"的过程中证"伪"。这些都需要有介于课程与课时之间的中观安排,这恰恰是单元意识的最大的价值所在,也是单元立意的课时教学合理性所在。

三

"在当前的课改背景下,中学历史课程中的学习活动主要指向基于教学目标,以师生行为方式为基本特征和导向,运用各类史料资源,采用问题引导或探究活动方式,循序渐进地落实史学思想方法的历史学习方式。"[1]从这个意义上说,学习活动是教学过程中最核心的组成部分,它以教学目标为出发点,以师生互动为重要载体,以问题引导和探究活动为主要形式,以学会学习即落实史学思想方法为归宿。正因为如此,学习活动需要像教学目标、教学重点难点一样事先进行设计。"学习活动的设计是教学设计的核心,即通过规定学习者所要完成任务的目标、成果形式、学习内容、活动策略和方法等引发学习者内在的认知加工,从而达到发展学习者心理机能的目的。"[2]

学习活动是"基于教学目标"的活动。教学中的一切行为均应是有目的的行为,均应围绕事先设定的教学目标而展开,而不是"摸着石子过河"走一步看一步。而教学目标则为核心素养培育服务,在教学目标中需要有计划地体现时空意识、历史解释和史料实证等核心能力,在唯物史观指导下进行历史解释并最终培育家国情怀。

学习活动"以师生行为方式为基本特征和导向"。中学阶段是价值观形成和思维发展的重要时段,在思维方式尚未基本定型时,学习活动必须在教师参与的情况下进行,这种参与主要体现为活动目标的设计、活动过程的规划、活动成果的预料、活动风险的预判等,师生互动可以减少活动中的失误,教师向学生提供必要的协助。

学习活动需要循序渐进。之所以要设计学习活动,最重要的原因就是需要体现循序渐进原则。

---

① 上海市教育委员会教学研究室:《中学历史单元教学设计指南》,北京:人民教育出版社,2018 年,第 44 页。
② 上海市教育委员会教学研究室:《中学历史单元教学设计指南》,北京:人民教育出版社,2018 年,第 44 页。

学习是一个长时段的过程,先学什么后学什么、各年龄段最适合学习什么,等等,都是课程设计中就需要考虑的问题,学习活动也不例外。例如目前的课程安排,高一高二均学习《中外历史纲要》,而纲要又体现出"纲目""要义"的特点,那么在高一高二阶段如果需要对学习内容的内在联系作出要求的话,就只能安排纲要内容的纵向联系,即便如此,高一学习的是中国史纲要,联系也应限于中国史范围内,不宜涉及更多的世界史内容。当高二阶段已经有了中国史的铺垫,开展中外联系才有可能。选择性必修内容是高三才开始涉及的内容,所以对纲要内容有"拓展"和"递进"要求的活动,在高三年级才适宜展开。

高一至高三阶段,学生虽然年龄只有两三岁的出入,但这是学生思维发展和心智成熟的重要阶段,每一年都在发生显著的变化,循序渐进中还需要特别注意每个年级学生的特点,如高一年级学生对初中所学内容还记忆犹新,活动中可以调用他们在初中已经掌握的知识与技能,而高三阶段学生在身体上已经基本发育成熟,完全可以胜任一些需要体力作为支撑的学习活动。

值得注意的是,高中学生的学习活动不能仅仅理解为肢体活动,思维活动是其中更为重要的组成部分。既然要问题引导,什么样的问题才能激发学生的兴趣,既然要运用史料进行探究,什么样的探究才会激活学生内心的创造力等问题都是需要事先谋划的。

指向历史核心素养史料实证的
学习活动设计与实施研究

上海市风华中学／杨　敏　凌　叶　童自扬　施文彬　孙之超　吴佳宝　张　晨

为保障"新课程、新教材"的有效实施,进一步强化教师对学科核心素养内涵和学习理念的深刻认识,提升教师指向发展学生学科核心素养的课堂学习活动的设计和实施能力,上海市风华中学历史教研组开展了发展学生历史核心素养史料实证的学习活动设计研究与实施策略探索。

一、研究背景

在高中历史教学中,指向历史核心素养史料实证的学习活动设计与实施研究,既呼应了进一步落实"双新"的要求,又有基于对教学难点寻求有效突破的考量。以下从两方面阐述研究背景。

(一)"双新"背景下教学改革的需要

1. 中学历史单元学习活动设计的重要性

《普通高中历史课程标准(2017 年版 2020 年修订)》将历史学科核心素养中的"史料实证"定义为:"对获取的史料进行辨析,并运用可信的史料努力重现历史真实的态度与方法。""史料实证是诸素养得以达成的必要途径。"其落实的基础是知识载体、实施条件,而这仅仅靠课时设计无法全面达成,因此,需要依托单元内容作整体设计。

"单元是依据课程标准,围绕专题、活动等选择学习材料,并进行结构化组织的学习单位。"[1]单元不仅指向学科的知识结构,而且包含了学生必须具备的学科核心素养等目标。"单元学习活动是依据课程标准和单元教学目标,设计、组织的实践或体验性的学习任务。学习活动的设计是教学设计的核心,即通过规定学生所要完成的任务目标、成果形式、活动内容、活动策略和方法等引发学生内在的认知加工,从而达到发展学生心理机能的目的。"[2]单元具有承上启下、前后贯通的中枢地位,成为落实"双新"背景下课堂教学改革的重要抓手。中学历史单元学习活动的设计既有对整个单元的宏观规划,又有对每课内容的微观取舍,尤其要关注单元内各课之间的联系,加强历史学习的时空性、系统性、整体性。

---

① 上海市教育委员会教学研究室编著:《中学历史单元教学设计指南》,北京:人民教育出版社,2018 年,第 1 页。
② 上海市教育委员会教学研究室编著:《中学历史单元教学设计指南》,北京:人民教育出版社,2018 年,第 44 页。

2. 紧扣历史核心素养史料实证开展学科实践的基本路径

《关于新时代推进普通高中育人方式改革的指导意见》指出,应"积极探索基于情境、问题导向的互动式、启发式、探究式、体验式等课堂教学"。在高中课程方案的"课程实施"部分着重指出:"要关注学生学习过程,创设与生活关联的任务导向的真实情景,促进学生自主、合作、探究性学习,推进信息技术在教学中的合理应用,提高课程实施水平。"我校以"数字化支持的实践育人"为特色建设途径,将加强学科实践列为课程"基本理念"和"学科核心素养"的重要内容。学科实践活动是指在教师的指导下,由学生自主进行的综合性学习活动。它基于学生经验,密切联系学生的生活和社会实际,体现对知识综合应用的学习。以课堂为平台,以课程内容中的单元为切入口,通过学科实践活动来落实史料实证核心素养。

(二) 解决现实问题的需要

1. 以师生行为特征设计单元学习活动的基本考量

根据教学观察、案例归纳以及实践反思,梳理、提炼出 4 种师生行为特征,以此标识常态学习活动中落实史料实证素养的不同层次。这 4 种师生行为特征依次是"教师示范—学生接受""教师引导—学生建模""学生模仿—教师指导"和"学生迁移—教师点拨"[①]。通过教师的科学示范,学生体验以史料为依据获得历史认识的过程,再通过不断的模仿,将掌握的实证方法内化为自己的认知结构和学习能力,强化"论从史出"的学习习惯和实证意识。通过教师示范、学生模仿,进而学生能够在学习活动中体现史料实证方法的迁移意识及能力,能够为了探究特定的历史问题而独立自主地寻找适切的史料作为证据,根据不同类型史料的证史价值来论证已经习得的证史路径,甚至对已经习得的证史路径做出修改和完善,能够以实证精神对待历史与现实问题。

以师生行为特征区分学习活动的层次,旨在强调史料实证素养的落实,本质上是学生习得的过程。这四个层次意在体现学生学史能力的渐次提升,意在帮助教师掌握指导学生习得历史思维的方法、路径和策略,从而完善历史学习方式,丰富历史学习经历。

2. 教学现状中的困境

中学历史教学在长期实践中逐步形成的"问题引导""情境创设""合作互动"等教学模式,为当下历史教学活动的进一步展开提供了宝贵的经验。今天的中学历史课堂更为看重师生行为方式的转化,立足于课程内容主旨的把握、历史核心素养的落实,基于丰富学生学史经历、完善学史方式的导向。但是,在完善历史学习方式上,教师们较多地满足于史料实证方法的示范,或是合作、交流、研究的形式,欠缺对学生模仿、迁移史料实证方法的引导,缺乏对于历史认识视角、视野及其证据逻辑的提炼与点拨。史料实证方法如何由教师的示范,逐步走向学生的建模、模仿与迁移,已然成为当下衡量历史教学成功与否的重要指标。

课堂是教学的主阵地,如果放大对于课堂的认识,历史场馆、社区乃至整个社会均可看作历史

---

① 　上海市教育委员会教学研究室编著:《中学历史单元教学设计指南》,北京:人民教育出版社,2018 年,第 9 页。

教育教学的课堂。许多历史学习活动,如资料的搜集与整理、实物史料的图像化再现、口述史料的获取与信度研判等,在某种意义上均已超越了狭义的课堂。在一定程度上,历史课堂已成为师生和生生合作、探讨、学习的舞台,是观念进一步得到冲击、碰撞、升华的平台,是学生在教师指导点拨下,从建模、模仿到迁移史学思想方法的思维训练场所。

　　基于上述分析,我校历史教研组以"三国两晋南北朝的民族交融与隋唐统一多民族封建国家的发展"单元为例,借助单元学习活动,通过教师的示范,学生从建模、模仿到迁移,循序渐进地达成史料实证素养的教学目标。

二、学习活动过程

(一)概述

　　中学历史课堂的单元学习活动设计主要指向立足于单元内容主旨和单元教学目标,以师生行为方式为基本特征和导向,运用各类史料资源,采用问题引导或探究活动,逐步落实历史学科核心素养的教学过程。

　　"三国两晋南北朝的民族交融与隋唐统一多民族封建国家的发展"单元的内容主旨为:三国两晋南北朝时期,除西晋外都处于分裂状态,但区域经济开发、文化建树和民族交融,为社会发展注入了新的活力,推动了统一多民族封建国家的发展。隋唐统一王朝,国力强盛、疆域开拓、经济繁荣、文化昌盛、民族往来和对外交往活跃,制度建设在传承中完善、革故中鼎新,达到了中国历史上新的高峰。"安史之乱"后,唐朝由盛转衰,最终演变为五代十国的分裂局面。

　　通过本单元的学习,了解三国两晋南北朝政权更迭的历史脉络和隋唐王朝的鼎盛局面,认识这一时期制度演进、民族交融、区域开发和思想文化发展等新的成就。史料实证素养为:"在对三国两晋南北朝时期进行评价的过程中,能够恰当地运用史料作出论述;通过壁画、唐诗、绘画等史料,能够辨识作者的意图和所展现的社会风貌以及特定的时代特征。"

(二)案例

案例1:教师示范—学生接受

　　在培养学生史料实证素养的最初实践时,由教师依托相关知识内容做认识方法、过程及其逻辑的示范。相对于教师的示范,学生处于接受的地位。

　　活动主题:从壁画探北魏时期的民族交融

　　活动目标:

　　(1)了解北魏时期民族交融的状况,深入探究中华民族多元一体的发展趋势。

　　(2)通过对北魏壁画的解读,懂得艺术作品的历史价值,汲取其中蕴含的历史信息。

　　(3)体会北魏壁画艺术的魅力,认同民族交融对中华文明发展的重要意义。

　　活动过程:

　　教师展示并简要介绍现存于大同市博物馆的北魏文成帝和平元年张智朗墓葬石堂的壁画(见图1)。

图1 北魏文成帝和平元年张智朗墓葬石堂壁画

教师首先以"该壁画中描绘了哪些历史细节?"设问,引导学生观察壁画细节,之后追问"该壁画能否直接证实当时的社会状况?是否需要其他史料进行互证?",引发学生思考并意识到仅以艺术作品无法直接证实历史,需要其他史料构成互证。

教师继续出示北魏文成帝和平元年张智朗墓葬石堂铭文。

惟大代和平元年,岁在庚子七月辛酉朔,乙酉日。故使持节、散骑常侍、镇远将军、汝南庄公、荥阳郡阳武县安平乡禅里里毛德祖妻太原郡榆次县张智朗,年六十八,遘疾终没。夫刊石立铭,书记名德,垂之不朽。欲使爵位荣于当年,美声播于来叶。若后高岸为谷,深谷为陵;千载之下,知有姓字焉。

——北魏文成帝和平元年张智朗墓葬石堂铭文

教师以"从该铭文中我们能够得到哪些信息?"设问,组织学生释读铭文。通过对壁画和铭文的解析,学生认识到当时少数民族和汉族在政治制度、纪年方式、生活习惯等方面的相似性。教师继续以"我们能够得到哪些深层信息?当时出现了什么样的社会风潮?"追问,使学生认识到北魏时期少数民族向汉族学习的风潮,进而初步理解当时民族交融的时代特征。

图2 牧牛图

图3 农耕图

图 4　县城图　　　　　　　　　　　　　　　图 5　牧马图

在学生形成初步认识的基础上,教师继续出示一组壁画(牧牛图、农耕图、县城图、牧马图),组织学生讨论:"这组壁画描绘了北魏时期的哪些生活情景,反映了北魏当时什么样的社会发展特点? 北魏这样的发展状态反映了中华民族怎样的发展趋势?"

通过对一系列北魏壁画的解读,学生总结出北魏统治地区在政治制度、经济模式、社会生活等方面呈现出鲜明的汉化特点,在汉化的同时,也在一定程度上保留了鲜卑族原本的生活习惯。在此基础上,教师引导学生总结出"民族交融""多元一体"等时代趋势。

最后,教师总结:我们从北魏壁画入手,通过对壁画内容、细节的剖析,辅以对壁画铭文的释读,揭示了北魏时期的时代特征,进而认识到了中华民族的发展趋势。这也是进行历史学科实践的思路之一,从历史细节入手,搜集资料、由小见大、不断延伸,探寻遥远的历史真相。大家也可以在课后寻找更多的壁画或其他艺术作品进行释读,进而对北魏、对鲜卑族形成更全面、更深入的认识。

案例 2:教师引导—学生建模

在落实史料实证素养的过程中,教师的示范是为了引导学生模仿和迁移。但在模仿之初,有一个建模阶段。所谓建模,是历史思维路径与方法上的一个基本框架,是在方法论意义上的指引。建模同样可以由教师通过示范建立,亦可通过教师针对同一思维方法的多次示范由学生建立,为进一步的模仿与迁移奠定基础。

活动主题:以唐诗为切入点探究唐朝经济发展

活动目标:

(1)帮助学生了解唐代经济发展的表现;

(2)通过对唐诗的解读,能够辨识作者的意图和所展现的社会风貌及特定的时代特征;

(3) 引导学生进行唐诗与其他类型文献史料的互证,培养学生从史料中汲取有效历史信息和提出自己的历史认识的能力。

活动过程:

教师以茶诗为切入点,结合其他类型的史料来分析唐代经济发展状况,出示下列一组材料。

材料一:水路东连楚,人烟北接巴。山光围一郡,江月照千家。庭树纯栽橘,园畦半种茶。梦魂知忆处,无夜不京华。

——〔唐〕岑参(约 715—770 年):《郡斋平望江山》

材料二:长松树下小溪头,班鹿胎巾白布裘。药圃茶园为产业,野麋林鹤是交游。

——〔唐〕白居易(772—846 年):《重题》

教师提问:"材料一与材料二的两首诗聚焦了哪一个共同的主题?"学生归纳出两首诗都提到了唐代茶叶的种植发展状况。在教师的引导下,学生发现两首诗对于茶叶的种植发展状况的描述存在差异,并思考出现这种差异的原因。由此可见,两首诗写作的时代不同,反映了唐代茶种植业也在不断发展。

教师追问:"我们可以通过唐诗,了解作者对于茶叶种植的认识,也可以了解当时茶种植业的发展状况。但唐诗是文学作品,可能有艺术加工的成分,不能准确地还原历史原貌,那我们还可以寻找哪些史料来印证历史呢?"教师出示以下两则材料。

材料三:(太和时,827—835 年)江淮人什二三以茶为业。

——〔北宋〕王钦若、杨亿、孙奭等编:《册府元龟》卷五一〇《邦计部·重敛》

材料四:(开成时,836—840 年)伏以江南百姓营生,多以种茶为业。

——〔北宋〕王钦若、杨亿、孙奭等编:《册府元龟》卷四九四《邦计部·山泽二》

在学生释读材料的基础上,教师指出,《册府元龟》记载的是唐后期唐文宗、唐武宗时代的史实,可见从唐中期开始,南方不少产茶地的农民已经开始兼营茶叶生产,后来随着采茶业、制茶业的发展,许多原先兼营茶叶生产的农民开始向专门生产转变。唐诗可以和其他类型的文献史料互证,为我们提供了一个更全面地探究唐代茶种植业发展历程的视角。

唐代经济繁荣,另一个重要表现就是商品经济的发展。教师出示下列材料。

材料五:商人重利轻别离,前夜浮梁买茶去。

——〔唐〕白居易:《琵琶行》

学生解读材料,提取信息,认为当时商人离家出奔是为了购买茶叶进行销售。教师继续出示唐代其他类型的文献史料来印证白居易的描述。

材料六:南人好饮之,北人初不多饮。开元中,泰山灵岩寺有降魔师大兴禅教,学禅务于不寐,又不夕食,皆许其饮茶。人自怀挟,到处煮饮。从此转相仿效,遂成风俗。自邹、齐、沧、棣,渐至京邑,城市多开店铺煎茶卖之,不问道俗,投钱取饮。其茶自江、淮而来,舟车相继,所在山积,色额甚多。

——〔唐〕封演撰、赵贞信校注:《封氏闻见记校注》卷六《饮茶》

学生释读材料,认为不论天南地北,唐朝人都喜欢喝茶,所以到了采茶的时候,很多商人就会去往产茶地,比如江淮等地进行茶叶的收购,再运往各大城市,卖给店铺进行销售。唐代茶种植业兴盛,激发了农业发展活力,茶业还成为很多农民的安身立命之本。唐代商业贸易十分繁荣,茶作为重要的商品,由茶商从产茶地运往全国各地销售,推动了全国市场的扩大。

教师总结:我们通过解读诗句,与其他类型的文献史料互证,探究了唐代经济发展的表现。诗歌反映的内容与特定时代有密切联系,体现了作者对历史的认识,反映了社会的风貌,可以折射出时代的特征。在之后的学习过程中,大家可以尝试自主搜集文学作品和其他类型的史料,加以整理和辨析,形成对历史正确的、客观的认识。

案例 3:学生模仿—教师指导

学生在教师示范,并建立起历史思维方法的模型后,接着便进入模仿运用的层级,以解决新情境下的历史问题。

活动主题:基于不同类型的史料探究两税法的实施效果

活动目标:

(1) 通过自主搜集与两税法相关的史料,进一步掌握获取史料的基本方法和途径。

(2) 比较《新唐书》中对两税法的不同评价,提升分辨和评析不同历史解释的能力,了解后世王朝对两税法的评价。

(3) 通过对档案记载和诗歌两种不同类型文献的解读,进一步提高利用不同类型史料对所探究的问题进行互证的能力,加深对两税法的实施效果的认识。

活动过程:

两税法是中国赋税制度上的一次重大变革。为了更好地研究两税法的作用,学生从《新唐书》中找到了两则材料。

材料一:炎疾其弊,乃请为“两税法”以一其制。……天下果利之。自是人不土断而地著,赋不加敛而增入,版籍不造而得其虚实,吏不诚而奸无所取,轻重之权始归朝廷矣。

——〔北宋〕欧阳修、宋祁:《新唐书》卷一四五《杨炎列传》

材料二:自初定两税,……虽赋不增旧,而民愈困矣。度支以税物颁诸司,皆增本价为虚估给之,而缪以滥恶督州县剥价,谓之折纳。……赋役日重。

——〔北宋〕欧阳修、宋祁:《新唐书》卷五二《食货志二》

两则材料都出自《新唐书》,但对两税法实施效果的评价却不一致。材料一认为两税法在没有增加农民的负担的情况下提升了国家的财政收入,是一次成功的制度创设。材料二认为两税法加重了人民的负担,有悖于制度创设的初衷。

由此引发学生对《新唐书》研究两税法实施效果的质疑,教师引导学生从史料价值的角度探讨这一问题。有学生认为《新唐书》虽是后朝所著的史书,但其属于官修正史,有较高的权威性和学术价值。也有学生提出,观点的不同可能是因为史家分析问题的角度不同,有可能是因为两税法在唐朝不同时期的实施效果不一样,不能简单判定两则材料对立矛盾,进而指出需要寻找其他史料加以印证。

一名学生展示唐朝户部侍郎判度支卢坦的上奏。

材料三:元和……七年(812年)七月,户部侍郎、判度支卢坦奏:“今年冬,诸州和籴贮备粟,泽、潞四十万石……太原二十万石;灵武七万石……以今秋丰稔,必资蓄备。"

——〔北宋〕王钦若、杨亿等:《册府元龟》卷四八四《邦计部·经费》

学生认为材料三虽与《新唐书》一样都是北宋时期的文献史料,但其为官修史书,所载内容亦来自唐朝官府的档案记载,为研究唐朝两税法的作用提供了明确的数值,是较为客观的政府记录,在一定程度上可以印证材料一的观点。但也有学生认为材料一对两税法的作用的描述较为笼统,并没有像材料三那样说明具体的时间,所以仍存在一些不足。为了更好地探究主题,一名学生出示了不同类型的文献史料(见材料四)。

材料四:国家定两税,本意在忧人。厥初防其淫,明敕内外臣:税外加一物,皆以枉法论。奈何岁月久,贪吏得因循。浚我以求宠,敛索无冬春。……幼者形不蔽,老者体无温。

——〔唐〕白居易:《重赋》

白居易认为,国家实行两税法的本意与其实际效果不符。他通过诗歌的方式把两税法在实施过程中的问题和下层百姓的疾苦告诉统治者,同时他也从封建政府的角度为两税法的初衷进行了辩解。学生进一步指出《重赋》作为文学作品,无法作为研究两税法作用的直接史料,但可以反映出创作者对两税法的历史认识。白居易的诗歌旨在揭露政治弊端,他以敏锐的眼光和绝伦的文采将自己所处的时代特征展现出来了。

一名学生尝试从社会视角分析白居易诗歌的史料价值。《与元微之书》记载,有一次白居易参加宴会,主办者指着白居易,告诉宴会上的歌姬,他就是你们喜欢的《秦中吟》的作者本人。《重赋》是组诗《秦中吟》的第二首诗歌,歌姬们的喜爱说明《重赋》在中下层民众中的流传程度之广,在一定程度上投射出当时民众对于两税法的深切感受,反映了两税法制度下唐朝底层民众的普遍心态。

在教师的引导下,学生归纳出文学作品证史价值的路径:作者视角、时代视角、社会视角。材料四虽是文学作品,但仍可以作为材料二的有力补充,两则材料从百姓的立场出发,揭示了两税法实施过程中出现的弊端,制度的创设初衷因具体的执行情况出现了偏差,导致百姓的赋役繁重。因此,我们可以通过不同类型的史料从不同的角度较为全面地评价两税法的实施效果。

案例4:学生迁移—教师点拨

在中学历史课堂的学习活动设计中,学生对于历史思维方法的迁移意识及能力,是最高的层级。迁移的本质意义不仅在于历史材料、学习情境的差异,更在于对以往习得的思维方法模型能作出修正、发展和完善。

活动主题:基于不同类型的史料,探求鉴真东渡对日本文化的影响

活动目标:

(1) 自主搜集与主题相关的文学艺术作品,掌握获取史料的基本途径。

(2) 解读、辨析所搜集的文学艺术作品,懂得文学艺术作品的史料价值,汲取和整理其中的主要信息。

(3) 通过多种类型史料的互证,架构起证据链,从文学艺术作品的多种证史路径来印证鉴真东渡对日本文化的影响。

活动过程：

教师讲述鉴真六渡日本的经历，说明鉴真大师的东渡弘法对日本佛教的发展乃至日本文化都产生了重要的影响。教师以"面对这样的结论，我们可以寻找哪些证据，运用哪些论证方法来印证?"设问，引导学生搜集、整理、释读、分析材料，印证结论。

学生出示《扶桑略记》节选内容。

材料一：和上(尚)持来天台止观等文书十余部，二百九十余卷，□子三斗，王右将军真行书一帖，天竺朱和等杂书五十帖，阿育王塔样金铜塔一基，如来肉舍利三千粒，华严经八十卷，大佛名经十六卷，四分律一部六十卷，六妙门一卷，明了论一卷，香药等多。凡和尚持度，其员甚多，不能具载。

——[日本] 阿阇梨皇円:《扶桑略记·拔萃》

学生认为这则材料描述了鉴真和尚在东渡弘法的同时，为日本带去了中医、书法、绘画、雕塑等唐朝文化，对研究唐朝鉴真东渡对日本文化的影响有较高的史料价值。但有学生辨析了《扶桑略记》的创作时间及创作者身份，认为该史料证史价值有限，如要印证老师提出的结论，还需寻找其他史料。

故而另一学生提出唐招提寺是鉴真东渡影响日本佛学、建筑文化的见证。从唐招提寺建成的时代背景中，学生探寻到了鉴真东渡对日本佛学文化影响的踪迹。同小组成员继而出示日本唐招提寺以及唐朝佛教寺塔遗迹山西五台县佛光寺的正立面图。

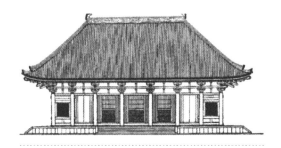

图6　唐招提寺金堂正立面

图7　山西五台县佛光寺大殿正立面图

学生将二者进行对比，指出两座佛殿建筑在外形、结构、材质、内景布置方面高度相似，得出鉴真东渡将唐风建筑引入日本的结论。而有学生对此结论提出质疑："唐招提寺是鉴真在日本所修建的佛殿建筑，据此仅能推断鉴真将唐风建筑引入日本，无法证明其对日本建筑文化的影响。"为此，同小组成员补充日本清水寺、三十三间堂、稻荷大社照片，说明鉴真东渡以后，日本多数佛殿建筑对于唐风格调的延承。从中可以看出，日本社会对于唐风佛殿建筑的普遍追崇，也进一步证明了唐朝鉴真东渡深刻影响着日本佛学文化与建筑文化。

又有学生认为，仅凭唐招提寺一则史料无法完全印证鉴真东渡对于日本文化的影响，故而呈现《东征传绘卷》第5卷第4段画面，通过解读《东征传绘卷》的画面内容及绘制风格，说明鉴真东渡对日本佛学文化、绘画文化的影响。

学生再次质疑：《东征传绘卷》作为后世艺术作品，如何能够印证鉴真东渡对日本文化的影响?小组成员则通过剖析该绘卷的史料来源、创作背景、作者意图及民众心态，回应同学的质疑。学生

图 8　《东征传绘卷》卷 5 第 4 段

指出,《东征传绘卷》虽绘于日本镰仓时代,但大部分故事情节是依据奈良时代(鉴真东渡时期)日本学者所编写的《唐大和上东征传》绘制而成。艺术作品难免会有夸张成分,但总能从它创作的时代背景、作者意图及民众心态中找到历史的痕迹。镰仓时代的日本,战火频仍,天灾不断,民众极度不安,急需精神上的慰藉,各种佛教新宗派应运而生。出于弘法宣教的需要,极乐寺住持忍性借助绘卷这种大众化、通俗易懂的形式来记录律宗祖师鉴真的传戒事迹,彰显祖师的功德,弘扬戒法、宣扬戒律。《东征传绘卷》中的绘画笔触、风格以及皇室、众臣受戒的画面,重现了镰仓时代的创作者们对鉴真事迹的认知、理解,对鉴真东渡引发古代中日文化交流的再认识。《东征传绘卷》作为鉴真东渡事迹极其珍贵的绘图资料,被日本学界视作日本重要的文化财产,至今被珍藏在唐招提寺中,由此推知,后人对于"鉴真东渡影响日本文化"的普遍认可。

最后,教师总结:同学们经过史料的搜集、解释、辨析,通过文献、建筑、绘画等多种类型史料的互证架构起证据链,以提升论证的有效性。利用艺术作品的证史路径——时代、作者、社会,印证鉴真东渡对日本文化的影响。课后,我们可以再寻找其他的文学艺术作品来佐证鉴真东渡对日本文化的影响,建议可从书法、塑像等史料入手,运用类似的方法进行探究。除此以外,大家可以进一步思考,当我们在其他不同历史情境下证实历史事件、证明历史观点的可靠性时,还可以运用哪些方法来论证呢?这个问题留给大家课后去做深入思考。

三、活动反思

在本单元《三国两晋南北朝的政权更迭与民族交融》一课的教学中,案例 1 的实施关注的是以壁画为代表的艺术作品的证史价值及路径。教师前后共出示了 5 幅北魏时期的壁画,层层设问,引导学生对壁画内容进行观察,剖析其中的细节,辅以对壁画铭文的释读,并关注几幅壁画之间形成的互证、补充关系。学生在此基础上总结得出北魏时期鲜卑族在文化习俗、农业耕作、城市规划和政治制度层面都存在着汉化现象,同时也保留了游牧民族原本的习俗,进而认识到北魏时期民族交融的状态,以及中华民族多元一体的发展趋势,呼应了单元内容主旨,落实了单元教学目标。教师通过此案例,向学生揭示出艺术作品证史的一条基本路径,即艺术作品可以在一定程度上反映时代特征。结尾处呼吁学生寻找更多类型的艺术作品释读北魏时期的时代特征,激发学生的学史兴趣,为下一环节的案例实施打下基础。

案例2的实施是在《从隋唐盛世到五代十国》一课的教学中,教师依据单元内容主旨和教学目标,以岑参和白居易的唐诗为载体,从农业和商业两个角度引导学生探究唐代经济发展状况,并以北宋官修史书和唐人笔记等其他类型的文献史料分别加以佐证,使学生感受到唐朝经济繁荣的盛况。在前一个案例实施的基础上,学生已经通过教师的示范,初步学习了从时代特征的视角分析艺术作品的证史价值,本案例中教师进一步指出:诗歌反映的内容与特定时代有密切联系,体现了作者对历史的认识,反映了社会的风貌,可以折射出时代的特征。学生们学习到了解读作者认识的新视角,从而对文学艺术作品的证史价值及路径做了进一步的提升与完善。最后,教师和学生对本案例实施的路径进行总结,学生已经意识到:运用文学作品证史,需要结合其他类型的文献史料进行互证,才能形成对历史较为正确客观的认识,弥补了仅靠文学作品证史有可能带来的逻辑误区,也在操作层面上有了更为明确的方向,建模为其进一步的模仿和迁移奠定了基础。

在《隋唐制度的变化与创新》一课教学中,案例3的实施则是从《新唐书》对于两税法的不同评价入手,针对这一史书中看似矛盾的说法,指导学生自主搜集与两税法相关的各种类型的史料,如北宋官修史书和唐朝现实主义诗人白居易的诗歌,分别对《新唐书》的不同评价进行了佐证。在实施过程中,教师在之前已经借助壁画和唐诗使学生理解文学艺术作品能够反映社会现实和作者的认识,指导学生从这两个视角分析白居易的诗歌《重赋》的证史价值,其间又提出了民众心态的新路径,可谓模仿中又有创新突破。在之前案例二的实施过程中,学生已经建立起文学作品与其他类型的文献互证的意识,在此次案例实行过程中,学生也对此模型进行了模仿,从而对两税法的实施效果以及文学作品证史这一史学思想方法的路径、方法、过程及逻辑有了更加全面的认识,呼应了单元内容主旨,落实了单元教学目标,也为之后同类思想方法的运用夯实了基础。

在本单元最后一课《三国至隋唐的文化》的教学过程中,案例4的实施虽是置于课堂,但学生大量地搜集、整理史料的过程已经突破了课堂空间。学生们在之前模仿的基础上,已经体现出多种类型史料互证的迁移意识和能力。本案例紧扣单元内容主旨和教学目标,聚焦"鉴真大师的东渡弘法对日本佛教乃至日本文化都产生了重要影响"这一结论,运用了《扶桑略记》、日本唐招提寺建筑风格和《东征传绘卷》等史料,以文本、实物、图像史料互证以架构证据链,并从时代、作者和社会3个视角出发,揭示艺术作品《东征传绘卷》的证史价值。虽然历史材料和学习情境已经不同于上述3个案例,发生了变化,但学生们已经对以往习得的史学思想方法模型做出了修正、发展和完善。教师在案例实施过程中仅进行适当点拨,并在结尾处提示学生可以就此主题运用更多的载体进行研究,并思考此后不同历史情境下证实历史事件、证明历史观点的论证方法,引发学生课后不断深入思考和持续实践。

回顾我校历史教研组本单元的学习活动设计与实施,是一个不断学习、商讨、修改以及磨合的过程。其间我们时常反思:我们每一个案例的设计是否立足于单元内容主旨和单元教学目标?通过探究和实施,我们更清晰地认识到:学习活动的设计和实施要对照课程标准或基本要求,以课程内容主旨的把握和史料实证素养的达成为目的,在认识目标和史学思想方法目标上进行落实。在实施过程中,我们思考:教学方式是否仍是由教师示范,还是可以让学生尝试建模、模仿甚至迁移?我们认为这取决于多种因素,比如根据单元与课教学的具体内容、学校的师资情况和具体学情,可以灵活选择和运用。出于师生不同的行为特征,教学问题或活动该如何设计? 我们也认识到:教师应依据内容主旨精挑细选实施载体;注重表述逻辑,层层设问引发学生聚焦思想方法的思考;关注关键环节的起承转合和推进序列;等等。案例实施后,我们再度思考:培育相关的史料实证素养,还有其他的内容载体吗? 其实,除了这几个案例所运用的壁画、唐诗、建筑等艺术作品,几乎所有与课程内容相关的历史塑像、漫画、油画、民歌、小说、戏剧等,均可引导学生从作品内容本身入手,并结合其创作的时代背景揭示时代特征,结合作者的个人经历、社会地位、价值取向、写作风格解读作者的认识,从作品的社会反响折射民众普遍的社会心态。

我们也认识到在这一过程中存在的一些问题,如教师史学素养及教学的底气仍然不足,我们虽在史学思想方法论上有所突破,但还有待深入。目前教研组正在通过理论学习、集体研讨和阶段性经验小结分享等方式,提升教师对于单元学习活动的设计和实施能力。在活动实践过程中,学生们囿于时间和空间不足,也会出现阅读史料能力较弱,寻找史料时无法找到适切内容等问题。针对这些问题,教师应积极培养学生兴趣,鼓励自主探索的同时进行方法指导,并以此实践活动为起点进行相关课题研究。我校单元学习活动设计与实施工作还在继续,我们的研究和探索也在继续,希望能够在既有成果的基础上,继承中求发展,推进教学质量的提升和学生历史学科核心素养的落实。

参考文献:

1. 中华人民共和国教育部:《普通高中历史课程标准(2017 年版 2020 年修订)》,北京:人民教育出版社,2020 年。

2. 上海市教育委员会教学研究室:《中学历史单元教学设计指南》,北京:人民教育出版社,2018 年。

3. 上海市教育委员会教学研究室:《上海市高中历史学科教学基本要求(试验本)》,上海:华东师范大学出版社,2021 年。

指向初高衔接视域下史料实证素养分层目标的学习活动设计
——以《中外历史纲要(上)》第二单元为例

上海市民立中学 / 张继英　陈路遥　许　曼　刘烨蕾

一、问题提出

近年来,随着"双新"背景下初高中教学改革的深度推进,历史学科核心素养的涵育成为重要的话题。以素养为导向,打造以学生学习为中心的课堂已经逐渐成为广大一线教师的共识。

《普通高中历史课程标准(2017 年版 2020 年修订)》(以下简称高中课标)对历史学科核心素养作出了界定:"历史学科核心素养包括唯物史观、时空观念、史料实证、历史解释、家国情怀五个方面。"其中,史料实证素养"是指对获取的史料进行辨析,并运用可信的史料努力重现历史真实的态度与方法"[①]。

从历史学科本身的性质而言,历史作为一门人文社会科学,非常注重推理的逻辑性和论证的严密性。史料实证素养不仅是核心素养的重要内容之一,更是各项素养得以达成的必经之路。在历史课堂上,运用可信的史料进行探究和推理、通过严密的论证来努力重现历史真实,这不仅仅是带领学生学习史料实证的方法,更是在向学生传递一种客观、严谨的实证态度。从这个角度来说,每节历史课都可以通过精心设计达成一定的史料实证素养培养目标。

但是,在一线教师的日常教学中,统编教材纷繁的知识点和多样的线索往往会成为课堂设计的困扰。如何确定涵育史料实证素养的合适环节,如何通过选材和设问避免史料实证教学目标的标签化,如何在有限的课时中设计学生活动以达到史料实证"做中学"的目的,急需实践探索。

此外,《义务教育历史课程标准(2022 年版)》(以下简称初中课标)的出台,进一步明确了初中历史学科核心素养的五大要求,与高中历史学科的核心素养是一致的。由此产生一个新的话题,即在课堂教学中,如何体现初高中核心素养的不同要求? 如何在素养导向的课堂中有效实现初高中衔接? 这些亦成为高中历史教学必须思考的问题。

基于上述思考,史料实证素养目标的分层可以作为一个突破口。针对具体学情和教学内容,以单元教学为载体,在初高中衔接的基础上,将史料实证素养进一步细化分解和区分层级,可以保障有的放矢、循序渐进地将史料实证素养的培育落到实处。与此同时,课堂设计的立足点定为"学生学",将学习活动设计与不同层级的史料实证目标相结合,突出学生在学习过程中的主体作用,实现以学生学习活动为教学活动中心的"学习中心课堂"。在实践中,我们以《中外历史纲要(上)》

---

① 　中华人民共和国教育部:《普通高中历史课程标准(2017 年版 2020 年修订)》,北京:人民教育出版社,2020 年,第 4—5 页。

第二单元"三国两晋南北朝的民族交融与隋唐统一多民族封建国家的发展"为例做学习活动设计研究,期望能推动历史课堂回归本质,为学生提供一个与历史对话、与历史学相遇的机会,从而激活学生学习历史的兴趣,从而促进其历史思维的发展,提高其解决真实情境问题的能力。

二、活动设计

(一) 设计依据

1. 比较课标要求,明确衔接方向

初、高中课标对于史料实证素养的定义基本相同,但两版课标在程度及具体要求上既有联系又有区别,这就成为初高中衔接的立足点,也是史料实证目标区分层级的重要依据。

表1　初高中课程标准关于史料实证素养的内涵及目标要求①

	高中课标	初中课标
内涵	史料实证是指对获取的史料进行辨析,并运用可信的史料努力重现历史真实的态度与方法。 历史过程是不可逆的,认识历史只能通过现存的史料。要形成对历史的正确、客观的认识,必须重视史料的搜集、整理和辨析,去伪存真	史料实证是指对获取的史料进行辨析,并运用可信的史料努力重现历史真实的态度与方法。 史料是认识历史的主要依据。要形成对历史的正确、客观认识,必须重视史料的搜集和解读,并在学习和探究活动中加以运用。 在义务教育阶段,要求学生初步学会依靠可信史料了解和认识历史
目标要求	知道史料是通向历史认识的桥梁,了解史料的多种类型,掌握搜集史料的途径与方法;能够通过对史料的辨析和对史料作者意图的认知,判断史料的真伪和价值,并在此过程中增强实证意识;能够从史料中提取有效信息,作为历史叙述的可靠依据,并据此提出自己的历史认识;能够以实证精神对待历史与现实问题	了解史料的主要类型,初步学会从多种渠道获取历史信息,提高对史料的识读能力;能够尝试运用史料说明历史问题,学会根据可信史料对历史进行论述;初步形成重证据的意识和处理历史信息的能力

根据表1可以看到,初高中都强调史料是认识历史的主要依据。但初中课标在表述中大量使用了"初步"二字,可见对初中学生历史思维的要求较浅,只需要初步学习论从史出的态度与方法即可。虽然在史料类型的区分、史料信息的提取以及运用史料论证自己观点等方面,初中课标的表述和高中一致,但所涉及的史料应当相对简单直观,对学生分析和运用能力的要求也较低。高中课标则在初中基础上进一步要求提高史料整理和辨析能力,逐步构建史实和史论间的逻辑关系,最终掌握解释与评价历史的一般方法。在史料实证的广度上,高中学生需要从单纯地理解教

① 中华人民共和国教育部:《普通高中历史课程标准(2017年版2020年修订)》,北京:人民教育出版社,2020年,第4—5页;中华人民共和国教育部:《义务教育历史课程标准(2022年版)》,北京:北京师范大学出版社,2022年,第5—7页。

材和教学活动中所提供的可信史料,到利用不同类型、不同来源的史料对探究问题进行互证;在史料实证的深度上,学生不仅要能辨识史料的含义并有理有据地表达自己的看法,还要能辨别不同类型史料的价值、史料的真伪,甚至需要探求史料作者背后的意图,进而能形成自己独到的见解。

因此,从课程标准的对比来看,史料的类型、价值和解读运用等方面的共性表述可以作为初高中素养衔接的基础,进一步强化、拓展初高中素养目标的差异,以达成高中阶段的学习要求。

2. 细化目标层级,提供设计抓手

课程标准进行了宏观原则的指导,落实到常态教学时,则必须在课标基础上制定出更具体的、更有操作性的目标。

上海市教研室於以传老师曾为广大高中历史教师提供了史料实证素养目标化分类,将史料实证素养分为"获取史料的途径""判断史料的性质""史料证史的路径"和"史料的对比归纳"四类,并对每一类进行了进一步分解。[①] 借助这样的目标分类,教师能相对容易地认识到史料实证素养的具体要求和价值目标。这一分类方式放在初高中衔接的背景下考察,可以对史料实证的素养目标做进一步的层级细化和说明。有的层级是通过初中学习需要达到的目标,这部分是初高中衔接的基础,在高中阶段的学习中会有所涉及和继续巩固;有的层级则是高中阶段学习需要进一步达到的目标。在於老师的分类基础上,综合高中课程标准和中学历史核心素养之关键能力目标结构[②],以表格的形式加以梳理:

表2　基于初高中衔接的史料实证素养目标分层

分　　类	史料实证素养目标层级	说　　明
1. 获取史料的途径	1-1　懂得史料是史学的最基本依据,具备一定的实证意识	初高中衔接,是史料实证素养的基础
	1-2　能分辨文本、口述、实物等不同史料类型	初高中衔接,明晰文本、口述、实物等史料的表达形式和特点
	1-3　懂得文本、口述、实物等资料的检索和调查访问是获得史料的基本途径。知道文本、口述、实物等史料归类储存的途径	初高中衔接,能对文字资料等的获取途径进一步拓展,知道文字资料不仅包括古代文献,还包括思想学术著作、报纸杂志、文学作品、日常生活的文字遗留等等,图书馆、档案馆、博物馆、专业性网站等是其主要的载体
	1-4　掌握获取史料的基本方法,能围绕一定的研究主题进行史料搜集	高中拓展,了解史学研究的基本路径:在质疑中产生问题,围绕问题沿着史事本身的联系搜寻史料来解决问题

① 於以传:"中学历史学科核心素养的目标化分解刍议",《基础教育课程》,2020年总第267—268期。
② 上海市教育委员会教学研究室编:《上海市高中历史学科教学基本要求》,上海:华东师范大学出版社,2021年。

分　类	史料实证素养目标层级	说　明
2. 判断史料的性质	2-1　懂得区分原始资料与非原始资料、一手资料与转手资料，能汲取和整理其中的表面和深层信息	初高中衔接，能在判断史料性质的基础上，从实物、图像、图表数据中提取一定的表层信息和深层信息，能从文字资料提取核心信息，等等
	2-2　懂得因对象和问题不同，史料的有效性与可靠性会发生变化	高中拓展，进一步理解各种类型的史料有各自的特点，史料的性质需针对不同的探究对象和问题而定
	2-3　懂得区分有意史料和无意史料，能辨别史料作者的意图	高中拓展，能通过史料的辨析和对史料作者意图的认识，判断史料的真伪
3. 史料证史的路径	3-1　懂得不同类型史料的证史价值	初高中衔接，能区分实物、文本、口传、文学艺术作品等不同类型史料的证据价值
	3-2　能从历史真相、时代风貌、作者观念、社会反响等路径汲取和整理其中的信息	初高中衔接，学会运用各种文字、实物、口述、图像、图表数据等不同类型的史料对历史进行说明和论述，其中包括文学艺术作品
	3-3　懂得因对象和问题的不同，史料的证史价值会发生改变	高中拓展，能针对不同的探究对象和问题，判断同一史料的不同证史价值
	3-4　能从对史实的表述和评述中辨别作者的情感、态度和价值取向	高中拓展，能在辨别史料作者意图的基础上利用史料
4. 史料的对比归纳	4-1　知晓证据链对于认识历史的作用	初高中衔接，能利用不同类型史料的长处，通过史料互证形成对历史的认识
	4-2　通过归纳和比较，发现史实间重大或主要特征的异同点	高中拓展，对各种来源、类型和观点的史料进行比较分析，发现异同
	4-3　能选择和运用多重史料探究具体历史问题	高中拓展，综合运用史料实证的基本方法和逻辑，形成对历史问题更全面、丰富的解释和论述

3. 立足教材史料，提供实证依据

史料资源是史料实证学习活动设计的主要载体。考虑到常态教学中教师备课和教学时间的压力，统编教材应当是挑选史料的首选。一方面，统编教材充分体现了编写者对课标的理解，是在学生认知水平的考量下精选的资料，具有权威和科学的特点；另一方面，教材中的史料非常丰富，正文叙述、栏目设置、活动设计、插图等包含了各种类型史料，都与学科核心素养存在有机的联系。因此，可以充分发挥教科书的"学材"功能。教师可以将教材中的史料与课标、正文等关联起来，最大限度地为学习活动服务。

表3　《中外历史纲要(上)》第二单元教材史料梳理表(不包含正文叙述)

课　名	课标要求	教　材　史　料	教材子目
第5课 三国两晋南北朝的政权更迭与民族交融	政权更迭	四川成都武侯祠照片	导言
	政权更迭	三国鼎立形势图	三国与西晋
	民族交融	西晋末年内迁少数民族分布与北方流民南迁示意图	
	民族交融	西晋颁给内迁少数民族首长的"晋归义羌侯"印文	
	制度变化	历史纵横栏目:东晋的士族专权	东晋与南朝
	区域开发	学思之窗:《宋书》关于南朝时期南方经济的记载	
	政权更迭	东晋十六国形势图	十六国与南北朝
	民族交融	十六国统治者族属表	
	民族交融	鲜卑旧墟石室嘎仙洞祝文	
	民族交融	史料阅读:《魏书》对北魏孝文帝的评价	
	民族交融 区域开发	北齐仰覆莲六系青瓷尊	
	政权更迭	北齐、北周、陈对峙形势图	
	民族交融	《资治通鉴》中对北魏孝文帝改姓氏的记述、宋人的评价、北魏孝文帝改革短时期内的副作用	课后探究与拓展
第6课 从隋唐盛世到五代十国	社会繁荣 区域开发	大运河今貌照片	导言
	社会繁荣 区域开发	学思之窗:唐朝诗人皮日休《汴河怀古二首》	隋朝兴亡
	社会繁荣	唐太宗画像	唐朝的繁荣与民族交融
	社会繁荣	历史纵横:皇帝谥号、庙号和年号	
	社会繁荣	历史纵横:唐朝曲辕犁介绍	
	社会繁荣 区域开发	敦煌壁画里的唐朝牛耕图中的曲辕犁	
	社会繁荣	唐三彩盘	
	民族交融	历史纵横:对回纥民族的介绍	
	民族交融	交河故城遗址照片	

续　表

课　名	课标要求	教　材　史　料	教材子目
第6课 从隋唐盛世到 五代十国	民族交融	唐朝绘画《职贡图》	唐朝的繁荣与民族交融
	民族交融	唐蕃会盟碑	
	民族交融	唐朝前期疆域和边疆各族分布图	
	政权更迭	史料阅读：北宋欧阳修对唐朝覆亡历史线索的总结	安史之乱、黄巢起义和五代十国
	政权更迭	五代十国形势图	
	社会繁荣 政权更迭	《通典·食货典》中对隋朝国力的记载、《资治通鉴》中对隋炀帝举行表演大会的记载	课后探究与拓展
第7课 隋唐制度的变 化与创新	制度变化	唐三彩文官像	导言
	制度变化	历史纵横：九品中正制的产生	选官制度
	制度变化	学思之窗：唐末文学家王定保《唐摭言》对进士科的看法	
	制度变化	西安大雁塔唐朝进士题名帖	
	制度变化	唐朝三省位置图	三省六部制
	制度变化	《大唐六典》书影	
	制度变化	唐朝怀集庸调银饼	赋税制度
	制度变化	史料阅读：《资治通鉴》中对两税法实行背景的概括	
	制度变化	唐朝陆贽对两税法的批评、唐朝白居易评价两税法的诗句、敦煌《唐律疏议》残卷图片	课后探究与拓展
第8课 三国至隋唐的 文化	文化成就	白马寺照片	导言
	文化成就	历史纵横：魏晋玄学介绍	儒学、道教与佛教的发展
	文化成就	史料阅读：唐朝诗人元稹描述诗歌在社会上的巨大影响	文学艺术
	文化成就	龙门石刻北魏《杨大眼造像记》、王羲之《姨母帖》、颜真卿《多宝塔感应碑》、柳公权《金刚经碑》、怀素《自叙帖》、顾恺之《洛神赋图》、龙门石窟宾阳中洞的佛像、敦煌莫高窟壁画	
	文化成就	学思之窗：《齐民要术·序》	科技
	文化成就	雕版印刷《金刚经》卷子	

续　表

课　名	课标要求	教　材　史　料	教　材　子目
第8课 三国至隋唐的 文化	文化成就	日本唐招提寺照片	中外交流
	文化成就	唐朝对外交通路线示意图	
	文化成就	学者对唐朝受外域文化影响的看法,对杜甫作品反映社会状况的看法	课后探究与拓展

（二）活动案例

《中外历史纲要(上)》第二单元下设"三国两晋南北朝的政权更迭与民族交融""从隋唐盛世到五代十国""隋唐制度的变化与创新""三国至隋唐的文化"四课,内容涉及政权更迭、民族融合、制度创新、区域开发、文化成就等各个方面。高中阶段将初中阶段分散在两个单元的历史时期合并为一个单元,内容编排的意图十分明显,就是引导学生思考分裂中孕育有利于统一的因素,进而对古代中国历史发展大势有进一步的认识。因此,我们将这一单元的内容主旨定为:"三国至隋唐时期的政权分合与民族发展,反映出由分裂走向统一、由统一走向繁荣的时代特征。三国两晋南北朝于政治分裂中蕴藏的民族交融,为隋唐的统一和中华文明的发展奠定了基础;隋唐时期制度创新和文化成就又进一步推动了古代中国统一多民族封建国家的发展。"围绕此内容主旨,单元教学分为"民族融合""区域开发""制度创新""文化成就"四大主题,组织各类史料进行史料实证活动设计,培养学生的实证态度。

1. 案例一：三国两晋南北朝时期的民族融合

（1）背景分析

本学习活动主要对应第5课《三国两晋南北朝的政权更迭与民族交融》。这一时期于政治分裂中蕴藏的民族交融,为隋唐的统一和中华文明的发展奠定了基础。对比初高中课程标准及教材内容,以表格形式作如下梳理:

表4　初高中课程标准内容对比

《义务教育历史课程标准(2022年版)》	《普通高中历史课程标准(2017年版2020年修订)》
通过了解三国两晋南北朝时期的政权更迭和北魏孝文帝改革,人口迁徙和区域开发,认识这一时期民族交往交流交融的历史特点及其对中华民族发展的意义	通过了解三国两晋南北朝政权更迭的历史脉络,隋唐时期封建社会的高度繁荣,认识三国两晋南北朝至隋唐时期的制度变化与创新、民族交融、区域开发和思想文化领域的新成就

表5 初高中教材内容关于"民族交融"的对比

时 期	初 中 教 材	高 中 教 材
三国	蜀汉：改善民族关系，加速西南地区的开发	蜀、吴两国加强对南方少数民族地区的治理
西晋	中原人口因战乱逃离，形成我国古代历史上第一次大规模的人口迁徙高潮	少数民族内迁，卷入政权斗争
十六国	北方游牧民族南迁，建立政权	少数民族建立政权，民族矛盾加剧
东晋	江南地区的开发	江南地区的开发，山区少数民族与汉族交融
南朝	江南地区的开发	江南地区的开发，山区少数民族与汉族交融
北魏	北魏孝文帝改革、北方出现民族大交融	北魏孝文帝改革，缓解民族矛盾

通过对比可知，在初中历史课程中，魏晋南北朝作为一个历史阶段考虑，教学内容更注重于描述性的历史事实，从而帮助学生理解各民族间的互动和影响。而高中教材在史事上虽与初中衔接，但从单元安排来说，魏晋南北朝至隋唐作为一个整体，更强调大分裂时期各民族的碰撞与交融为隋唐统一奠定基础的深远影响。

(2) 学习活动过程

问题1：阅读教材，分组讨论，举例说明魏晋南北朝时期南方与北方民族融合的表现。请同学们既要关注正文中的客观性描述，也要关注所给图片、表格以及"历史纵横""史料阅读""学思之窗""问题探究"栏目中给出的文字史料。

教师举例示范：教材正文中提及"到西晋，内迁的少数民族主要有匈奴、羯、氐、羌和活动在长城一带的鲜卑"，这是北方民族融合的重要表现。教材提供的《西晋末年内迁少数民族分布与北方流民南迁示意图》可以进一步反映少数民族内迁的路线和分布区域。

设计意图：基于教材正文的史实描述，通过与教材中提供的实物、地图、文字等各类史料相互印证，反映魏晋南北朝时期的民族交融。引导学生在教材中发现史料、分析史料，尝试围绕一定的研究主题进行史料搜集，进一步强化史料信息提取的能力。

问题2：阅读教材，请分析十六国与北魏民族交融的差异。结合材料思考北魏时期民族交融加强的原因有哪些？

材料一 北魏拓跋珪即位后，采纳汉臣崔宏建议，自谓黄帝之后。据《魏书》记载，拓跋氏追溯的初祖是受封北土的黄帝嫡孙。拓跋珪及继任的三位皇帝亲往或遣使至涿鹿黄帝庙祭祀。

至孝文帝，又下诏："魏之先出于黄帝，以土德王，故为拓跋氏。夫土者，黄中之色，万物之元也；宜改姓元氏。"面对关于迁都的质疑，他说："黄帝以天下未定，居于涿鹿，既定之后，亦迁于河南。"

——2019年普通高等学校招生全国统一考试文科综合能力测试(北京卷)历史试题第37题材料

设计意图：引导学生从教材和材料中获取信息，多角度进行概括。通过对不同时期民族融合表现的比较，更加清晰地认识到北魏时期民族交融的进一步加强。通过材料解读，引导学生认识民族交融的不断加强除了受交融基础、学习范围影响外，也与统治者积极主动的态度密切相关。

问题 3：以东魏西魏、北齐北周时期的部分人名为例,说说这一时期民族关系的发展趋势。

材料二　东魏西魏、北齐北周时期的部分人名表

项　目	状　况	备　注
进入中原的第一代六镇人	大都拥有一个鲜卑名,如宇文泰字黑獭、高欢字贺六浑	宇文泰,西魏权臣,北周奠基人,鲜卑族;高欢,东魏权臣,北齐奠基人,鲜卑化汉人
进入中原的第二代、第三代六镇人	高欢诸子名中都有"水"旁,如高澄、高洋、高湛、高演等。高欢十五子中,确知有鲜卑名者仅北齐文宣帝高洋和武成帝高湛。宇文泰诸子作为第二代,都还拥有一个作为字或小名的鲜卑名;到第三代,不再见鲜卑语名	类似案例多见于《北齐书》《周书》
西魏、北周赐功臣姓、名	周骠骑大将军开府侯莫陈道生:"(本姓刘)大统九年,更姓侯莫陈氏。"《周书·独孤信传》:"独孤信,云中人也……太祖以其信著遐迩,故赐名为'信'。"	西魏、北周从宇文泰开始,多赐功臣以鲜卑姓,也常赐功臣以名字,所赐均为汉字雅名,无一鲜卑语名

——摘自《历史教学》2022 年第 21 期

设计意图:东魏西魏、北齐北周时期民族关系复杂,这虽然不在教材重点论述中,但对于理解北魏孝文帝改革的影响和隋唐民族关系来说,实际上具有承上启下的作用。这则新材料所创设的情境既能激发学生探究民族关系的兴趣,又能进一步强化学生史料实证的素养,帮助学生更直观地认识到这一时期民族交融持续推进的发展趋势。

(3) 活动设计反思

在日常教学中,指向史料实证分层目标的学习活动设计,对于解决初高中学生在学习过渡期间可能遇到的衔接问题有很大帮助。在相同的通史编排体例下,既可以避免学习内容的简单重复,又能帮助学生从初中阶段的简单思维逐渐向高阶思维过渡。

从史料实证素养分层目标的落实来看,本次学习活动围绕三国两晋南北朝时期民族交融主题,设计了举例说明民族交融表现、比较归纳民族交融特征等环节。一方面,进一步加强学生对实物史料、文字史料和图像史料特点的认识,习得从史料中准确获取信息的能力。另一方面,在此基础上改变教师给材料学生作回答的方式,由学生通过阅读教材,围绕问题自主搜寻史料证据来解决问题,通过学习活动引导学生体验历史研究的基本途径。在比较归纳环节,首先立足教材文本,将教材作为"二手史料",对比教材编写者的观点,比较分析不同时期民族交融的趋势特征;再通过一则关于少数民族人名的补充材料,创设新的情境;在新情境下进一步练习史料的对比归纳,认识这一时期民族交融不断加强的历史大势。

在史料选择上,高中教材比初中教材增加了"学习之窗""学习聚焦""史料阅读"多个栏目及大量历史图片等,是重要的史料来源。教材编写者将不同类型的史料放置于不同的位置有其背后的意图,例如正文表述"到西晋,内迁的少数民族主要有匈奴、羯、氐、羌和活动在长城一带的鲜卑"既

可以与课本中《西晋末年内迁少数民族分布与北方流民南迁示意图》相呼应,又可以与西晋颁给内迁少数民族酋长的"晋归义羌侯"印文这一实物史料相互印证,说明西晋时期羌人不断向南迁徙促进民族融合的历史现象。再如,"问题探究"栏目提供了《资治通鉴》中记述的北魏孝文帝改姓氏的措施,与教材正文描述的孝文帝改革措施相呼应,体现孝文帝改革推动民族间的交融。由此可见,在引导学生分析史料信息时,应当注意与教材的不断对话,带领学生体会教材编写者的史料实证意识。

2. 案例二:隋唐制度的变化与创新

(1) 背景分析

关注统一多民族国家形成与发展的过程是《中外历史纲要(上)》的核心内容。在第二单元《三国两晋南北朝的民族交融与隋唐统一多民族封建国家的发展》中,虽然魏晋时期国家政权分立,但各民族通过交往、交流和交融促进了民族关系的发展。在此基础上,隋唐时期则是统一多民族国家繁荣时期,而制度的变化与创新是这一历史时期的典型特征。由此可见,隋唐制度的变化与创新对于统一多民族封建国家的发展有着重要的作用。具体内容在初中阶段分布在《中国历史》第二册第一单元中的第1课《隋朝的统一与灭亡》和第2课《从"贞观之治"到"开元盛世"》中,在高中阶段出现在《中外历史纲要(上)》第二单元第7课《隋唐制度的变化与创新》一课中。初高中课程标准及所学过的相关内容如下表所示。

表6　初高中课程标准内容对比

《义务教育历史课程标准(2022年版)》	《普通高中历史课程标准(2017年版2022年修订)》
1.5　隋唐五代十国时期 　　通过了解隋朝的兴亡、"贞观之治"与"开元盛世",知道隋朝速亡和唐朝兴盛的原因;了解科举制度创建、大运河开通、文成公主入藏、鉴真东渡、玄奘西行等史事,从制度、经济、文学艺术、民族交往、中外文化交流等方面认识隋唐王朝在世界历史上的重要地位;通过了解"安史之乱"后藩镇割据和五代十国的局面,认识唐末五代的社会危机	1.4　三国两晋南北朝的民族交融与隋唐大一统的发展 　　通过了解三国两晋南北朝政权更迭的历史脉络,隋唐时期封建社会的高度繁荣,认识三国两晋南北朝至隋唐时期的制度变化与创新、民族交融、区域开发和思想文化领域的新成就

表7　初高中所学隋唐制度相关知识统计表

制　度	初中相关内容	高中相关内容
选官制度	魏晋南北朝看重门第选官;隋朝开创科举取士制度;唐朝科举制的发展	从九品中正制到科举制,中国古代选官制度逐渐走向成熟与完善
中央行政制度	唐朝完善三省六部制(无制度具体内容)	从尚书台到三省六部制,中央决策和行政体系日臻完备

续　表

制　　度	初中相关内容	高中相关内容
赋税制度	无	从租调制到两税法,改变了以人丁为主的赋税制度,调动了劳动者积极性

从制度创新来看,初中课本内容比较多的是选官制度,讲述了隋唐时期科举制度的创立与发展,并在介绍科举制创立之前,以背景形式讲述了魏晋南北朝时期九品中正制的选官标准。而隋唐三省六部制在初中阶段课本中只是出现了这一名词,并简述了它的作用。赋税制度的内容则没有涉及。通过上述的对比分析可以看到,学生在初中时已对朝代更迭、科举制等知识点有所了解。而在高中阶段,从本单元的逻辑结构看,教师应引导学生注意到统一多民族国家在不同历史时期的发展,以及隋唐制度的变化与创新对于中国古代统一多民族国家发展的意义,是统一多民族国家继续繁荣发展的重要体现。

(2) 学习活动过程

学习活动一:明隋唐制度之变与新

问题1:阅读本课第一目正文及"历史纵横""学思之窗"史料,思考从察举制到九品中正制再到科举制,选官制度的选拔权力、选拔的主要标准、选拔方式有何变化? 与之前的选官制度相比,科举制有何创新之处?

设计意图:充分利用教材现有的史料进行活动设计。科举制的创立在初中教材中已有详细介绍,但制度的建立并非无本之木,通过解读"历史纵横"栏目关于九品中正制的介绍,结合课文第一目,可以知道选官制度从汉朝的察举制到魏晋九品中正制的变化,也点明了二者之间继承与发展的关系。从史料实证素养目标分层角度,学生从史料中提取有效信息,是初高中衔接的基础,体现了高中历史核心素养培育的连续性。教材"学思之窗"提供了时人对于进士科的记述,针对这一史料,教师设置了比较开放的提问,同时也提示了学生思考问题的角度。从对这一史料的解读中,可以获知科举考试分科情况、社会对科举的态度、进士科的重要地位、科举制的积极作用,学生通过对史料的辨析,学习全面辩证地看问题。

问题2:阅读教材第二目正文内容及《唐朝三省位置图》,回顾秦汉中央行政制度,并结合材料(材料一)说说隋唐中央行政制度有何创新之处。

材料一　最高议事机关称政事堂……凡遇军国大事,照例先由中书省中书舍人(中书省属官)各拟意见(五花判事),再由宰相(中书省)审核裁定,送经皇帝画敕后,再须送门下省,由给事中(门下省属官)一番复审,若门下省不同意,还得退回重拟。因此必得中书、门下两省共同认可,那道敕书才算合法。

——钱穆:《国史新论》

设计意图:三省六部制在初中教材中并无具体内容,仅以概念形式出现。《唐朝三省位置图》体现了教材编写者的立意,反映了唐朝三省在处理政务上根据职能不同有着明确分工的特点,结合后世史学家的观点,形成图文互释。图文互释作为一种研究方法,让图片和史料的呈现相得益彰。从史料实证素养目标分层角度,通过史料的对比归纳、互证,形成对历史的认识,是初高中衔接的基础。对于学生理解宰相权力一分为三,皇权得到加强有很大帮助,从而丰富学生对隋唐制度的认识。

问题3:观察教材《唐朝怀集庸调银饼》图,结合课文第三目的内容和所给材料(材料二),谈谈唐初的赋税制度新变化和作用是什么?唐朝中期后赋税制度有怎样的创新?

材料二　安史乱后,户口逃匿者益多,租庸调制度,无法继续实行,因此到德宗时,乃有两税法的创立……其办法是由政府普查全国各地定居的人民,不论主户客户,一律以他们现有男丁与田地的数目为标准,划分等级,规定税额,分两次于夏秋两季输纳……其余一切名目的租税,均予罢除。商贾则于其所在的州县课税,税率为其货物总值的三十分之一……此后中国的田制,一直沿袭两税法的原则,最多只能做局部的修改,而无法恢复租庸调的旧观。

——傅乐成:《隋唐五代史》

设计意图:初中教材并没有赋税制度相关内容,因此利用多元化史料帮助学生充分认识赋税制度在隋唐制度创新中的作用。《唐代怀集庸调银饼图》是一张带有史料的历史图片,通过对银饼文字的释读,可以了解朝廷对庸调银的重视,也让学生了解了唐代的租庸调制度。关于两税法,教材第三目已经基本概述了相关的要点,并且在这一目的"史料阅读"中,引用了《资治通鉴》对两税法背景的概括,形成对教材叙述的补充。但在学习活动设计的过程中,教师发现教材内容比较浅显,而文言文史料则相对艰涩,如何构建起帮助学生认知的桥梁?经过思考后,选择了《隋唐五代史》中的相关史料,该史料用文白互译的方法描述了两税法的背景和实施。从史料实证素养目标分层角度,这属于高中拓展内容,能在辨别史料作者意图的基础上利用史料,形成对历史问题更丰富的解释和论述。

学习活动二:探隋唐制度创新之因

问题:以选官制度的创新为例,结合教材和一组补充史料(材料三至材料六),思考科举制的创立受到哪些因素的影响?

材料三　贤士大夫有肯从我游者,吾能尊显之。

——〔汉〕班固:《高帝求贤诏》

材料四　天下治乱,在于一人……举贤良方正能直言极谏者,以匡朕之不逮。

——汉文帝刘恒:《日食引咎诏》

材料五　唯才是举,吾得而用之。

——〔三国〕曹操:《求贤令》

材料六　为政之要,唯在得人。

——〔唐〕吴兢:《贞观政要》

设计意图:高一学生经过初中阶段的学习,初步具备了史料解读与分析的能力,对于史料在证实历史史实方面的重要性已有初步认识,但高一学生普遍存在史料阅读及解读能力不足的现象,因此在史料的选用方面难度不宜过大,应尽量提供多类型的史料,逐步引导学生对于史料阅读的兴趣及正确解读史料的方法。所以,运用这组史料旨在创设出引发学生认知冲突的情境并关注两个重要的历史信息:第一,在新的朝代建立时,统治者往往求贤若渴,因而制定选才制度,如汉初施行察举制、汉末至曹魏时施行九品中正制、隋唐施行科举制;第二,同样是大一统的王朝,汉朝与隋唐为何在选拔人才的方式上完全不同。由此引导学生的思考走向深入:从汉至隋唐选官制度变革的历史脉络是怎样的,其中体现了怎样的延续变迁关系? 通过对这些问题的探究,结合教材图片《西安大雁塔唐朝进士题名帖》中"雁塔题名"的典故,学生可以认识到科举制的形成与隋唐时期的社会环境和时代特征紧密相关。从史料实证素养目标分层角度,既在初高中衔接基础上对不同类型的史料进行论述,也在实证素养上进行拓展,选择和运用多重史料探究具体历史问题,由此形成对历史问题更全面、丰富的解释和论述。学生也可以认识到历朝历代的统治者为治国理政而不断探索着选贤任能的方式。

学习活动三:思隋唐制度创新之果

问题:以两税法为例,回顾从租庸调制到两税法的变化,结合两税法实施的背景和教材"探究与拓展"栏目中的两则史料,思考两税法的实施有何影响,我们可以站在哪些角度去分析两税法的影响?

设计意图:教材"探究与拓展"栏目提供了两则不同类型的史料,运用诗文互证的方式,引导学生在特定历史时空下,提高史料对比归纳的能力;进一步理解各种类型的史料有各自的特点,能在辨别史料作者意图的基础上利用史料,体现史料实证素养在高中阶段的拓展要求。对于分析角度的确定,经过学习活动二的驱动,教师引导学生在充分讨论的基础上确定分析角度,主要包括对当时历史环境中不同主体的影响,对社会不同领域的影响,对当世和后世的影响。在利用某个角度进行分析时,应注意要从辩证的角度去进行分析。在师生总结两税法的影响后,通过对两税法影响的分析,引导学生依据史料的不同角度去分析历史现象、历史问题,从史料实证素养目标分层角度,体现高中拓展,综合运用史料实证的基本方法和逻辑,形成对历史问题更全面、丰富的解释和论述,掌握"论从史出"的历史学习方法。

(3)活动设计反思

现行《中外历史纲要》与统编版初中历史教科书采用相同的通史体例编排方式,一定程度上会出现知识的重叠。与此同时,初、高中都重视学生历史学科核心素养的培养,但指向不同层次的培养要求。因此,必须重视指向核心素养的初高中衔接。本学习活动设计通过对比初高中历史课程标准各自对于史料实证素养的水平要求,关注初高中衔接,在教材相关内容基础上合理地选择和运用史料,实现以史料实证素养培育为特点的衔接。

关于隋唐选官制度,学生在初中已具备了一定的知识基础,而中央行政制度的具体内容和赋税制度是高中知识。隋唐作为中华统一多民族国家的发展时代,展现出制度的创新与活力。因此,学习活动设计调整了内容分配,拉长时间维度,把握时代特征,通过多元史料的展现,促进学生多角度、辩证地看待隋唐制度的创新与统一多民族国家的关系。另外,本次学习活动的设计指向史料实证素养的培育。因此,史料的搜集、史料的辨析、史料的提取、史料的实证等一系列步骤都是根据史料实证素养分层目标设计而成的。在史料选择方面,大多采用了高中历史教科书《中外历史纲要》中的内容,教科书的教学资源非常丰富,如"导入""学习聚焦""史料阅读""思考点""历史纵横""学思之窗"和"拓展探究"等栏目提供的史料满足了课程标准的要求,因此教师在设计学习活动时应该围绕教材资源,结合初高中衔接的学情,增强对教材内容深度的挖掘,突出学习活动主题。

而在史料运用环节,通过问题的设置,适当引入相关史料,学生在一个个具有层次性、逻辑性问题的引导和对史料分析的基础上,阐述自己的历史观点,掌握"论从史出"的历史学习方法。

当然,在初中生向高中生身份转换的过程中,大多数学生依然表现为等待教师给出标准答案,所以要实现"教师教"向"学生学"的转变并不容易。对于我们教师来说,要坚定落实以学科核心素养为宗旨,立足大单元观念,以具体的史料和问题为抓手,从而努力提升学生的历史思维品质。

3. 案例三: 三国至隋唐的文化盛宴

(1) 背景分析

三国至隋唐时期取得了引人注目的文化成就,呈现出兼具统一与多样的特征。儒家独尊的主流意识形态逐渐出现新的特点,在民族交融、国家从分裂走向统一的大背景下,儒、释、道三教呈现合流趋势。文学艺术成就突出,科技走在世界前列。伴随丝绸之路的鼎盛,中外文化频繁交流的时代到来,为统一多民族国家的进一步发展注入新的活力。表8、表9为初高中课程标准以及教材相关内容的对比:

表8　初高中历史课程标准统计表

《义务教育历史课程标准(2022年版)》	《普通高中历史课程标准》(2017年版2022年修订)
通过了解这一时期的科技和艺术成就,如祖冲之的数学成就,认识传统文化的继承与创新	1.4　三国两晋南北朝的民族交融与隋唐大一统的发展 通过了解三国两晋南北朝政权更迭的历史脉络,隋唐时期封建社会的高度繁荣,认识三国两晋南北朝至隋唐时期的制度变化与创新、民族交融、区域开发和思想文化领域的新成就

表9　初高中魏晋南北朝至隋唐文化知识统计表

文　化	高中相关知识	初中相关知识
思想	三国至隋唐时期儒释道的融合与发展	无
科技	魏晋南北朝时期数学、农学、地理等方面的发展	贾思勰《齐民要术》,祖冲之
文学艺术	魏晋南北朝文学成就多样,隋唐诗歌发展进入高潮	唐朝诗歌成就
书法、绘画和雕塑	魏晋南北朝至隋唐时期的书法、绘画发展、石窟佛像成就	钟繇、王羲之书法成就,魏碑,顾恺之绘画成就,石窟佛像
中外文化交流	魏晋南北朝隋唐时期佛教传播中的文化交流	鉴真东渡、玄奘西行

通过对比可发现,初中阶段要求学生了解三国两晋南北朝时期的科技以及艺术成就,并通过对基础史事的学习从而培育学生的家国情怀。高中历史学习要从三国两晋南北朝社会发展的变迁中认识思想文化的演进,学习内容更为抽象。教材中的史料资源是十分充足且多元的,从载体来看包含文献史料、实物史料等。教师可以充分利用教材资源实现对学生史料实证分层目标的培育。书法、艺术、文学、科技等各领域成果不仅仅是了解三国至隋唐文化的抓手,同样也是史料实证

素养培养的重要途径。因此,引导学生通过三国至隋唐时期各类文化成就,认识这一时期的文化特征与时代发展背景,通过分析唐朝时期的诗歌,认识诗歌在证史中的重要作用,是本学习活动设计的素养目标。

(2)学习活动过程

三国至隋唐时期的文化是中华文明的瑰宝,学校历史研习社准备开展三国至隋唐文化分享会,邀请各位同学参加活动。请选择感兴趣的研究主题,以小组合作的方式,选取教材和补充材料(材料一至材料四)中合适的史料形成并发表你们的观点。

材料一　李唐起自西陲,历事周隋,不唯政制多袭前代之旧,一切文物亦复不闻华夷,兼收并蓄。第七世纪以降之长安,几乎为一国际的都会,各种人民,各种宗教,无不可于长安得之……异族入居长安者多,于是长安胡化盛极一时,此种胡化大率为西域风之好尚:服饰、饮食、宫室、乐舞、绘画,竞事纷泊;其极社会各方面,隐约皆有所化,好之者盖不仅帝王及一二贵戚达官已也。

——向达:《唐代长安与西域文明》

材料二　贾思勰《齐民要术》目录:卷一为耕田、收种、种谷;卷二为黍穄、粱秫、大豆、小豆、种麻、种麻子、大小麦、水稻……卷三为种葵、芜菁、种蒜、种韭……卷四为园篱、栽树、种枣、种桃李……卷五为种桑柘、种榆白杨、种棠……卷六为养牛、马驴、骡,养羊……

材料三　尽道隋亡为此河,至今千里赖通波。若无水殿龙舟事,共禹论功不较多。

——〔唐〕皮日休:《汴河怀古二首》其二

材料四　千里长河一旦开,亡隋波浪九天来。锦帆未落干戈起,惆怅龙舟更不回。

——〔唐〕胡曾:《咏史诗·汴水》

主题1:民族交融在三国至隋唐时期文化成就中的体现

提示:阅读教材引言、正文、图片、学习栏目和补充材料一、二,从中寻找三国至隋唐时期不同方面文化成就的表现,分析其特点,结合"民族交融"研究主题,选择恰当的史料形成说明。

设计意图:基于对史料表层与深层信息的汲取,举例说明民族融合在魏晋南北朝时期文化成就中的体现。例如教材中提供的莫高窟壁画《胡旋舞》既能够反映唐朝绘画技术的发展状况,也能够反映少数民族文化对唐朝文化产生的影响,是民族融合的重要证明。再如,教材对《齐民要术》的展现内容较少,通过补充《齐民要术》的目录,既可以反映三国两晋南北朝时期农业技术的发展,还能从农耕和畜牧的相关记录中感受到民族交融的时代特征。通过活动进一步强化提取文字、图片等史料信息的基本能力,练习运用不同类型史料对历史问题进行说明和论述。

主题2:中外文化交流在三国至隋唐文学艺术作品的体现

提示:请结合教材引言、正文、图片、学习栏目和补充材料一、二,梳理不同方面文化成就的表现和特点,针对"中外文化交流"研究主题,筛选史料形成说明。

设计意图:引导学生在教材和补充材料的范围内寻找可以体现中外文化交流的史料,从中体会文化成就折射时代特征的证史路径。如教材中有关唐招提寺的图片就是中国本土化佛教传往日本的实物证据之一。这座具有典型盛唐风格的建筑是唐朝中华文化圈对日本影响的表现。

主题3:唐诗证史

提示:阅读材料三至材料四,皮日休《汴河怀古二首》其二和胡曾《汴水》两首诗共同聚焦了哪一主题？结合所学，皮日休所述的"至今千里赖通波"是否确有其事？皮日休与胡曾的观点是否有差异？影响两者观点的因素有哪些？综合上述问题，思考唐诗有何证史价值。

设计意图：阅读关于隋朝大运河的唐诗，帮助学生习得诗歌证史的路径。从唐诗内容来看，可以体现大运河在唐朝时期仍然起到了促进南北经济发展的重要作用。从作者态度来看，通过诗歌的对比可以发现二者对于大运河持相反态度。皮日休对大运河持赞美的态度，而胡曾则强调了大运河的消极影响。究其原因在于双方的立场视角不相同，由此可见诗歌可以反映作者的认识与立场。学生在初中阶段已初步接触过唐诗证史的方法，通过最后关于诗歌证史价值的提问，推动学生从实践中自主提炼诗歌证史路径，习得从历史真相、时代风貌、作者观念等路径汲取和整理诗歌信息，辨别作者情感、态度和价值取向的方法。

（3）活动设计反思

在实际教学过程中，简单罗列知识、烦琐的史料堆积往往不能达到史料实证素养培育的效果，学生难以达成史料实证分层目标，而且知识性的介绍也会让学生缺乏学习积极性。因此在初中学习的基础上，结合高中段学生的思维能力，尝试将文化成就的梳理同史料实证相结合。

本次活动设计中，创设了与学生社团相关的校园情境，以历史研习社的各类研究主题展开学习，和学生真实的学习生活情境相结合，在解决现实问题中培育学生史料实证素养，以期激发学生的积极性和创造力。

作为本单元中单独的文化专题，恰好可以实现文学艺术作品证史路径的培养和训练。因此，我们设置了三个研究主题，帮助学生认识不同类型的文化成就，如绘画、书法、雕塑、科技著作、诗歌等是如何反映时代特征的。在三国两晋南北朝民族融合这一部分的学习活动中，学生已经尝试了自主寻找史实证据来说明这一时期的民族交融问题，也在教师的示范引导下尝试了与教材的对话，寻找教材内容与各类史料之间的相互印证。在完成主题1和主题2的论述过程中，学生可以进一步体会历史研究的基本路径，围绕研究主题选择恰当的史料来解决问题。主题3的设置则以"诗歌证史"为核心，引导学生从具体的证史过程中提炼文学艺术作品证史的路径，帮助学生习得文学艺术作品证史的一般方法。

从史料选取来看，教材本身就提供了丰富的文字和图片史料，教材内容则可看作当代学术研究成果。除了本课材料外，教材其他课时有时也能提供帮助，例如皮日休《汴河怀古二首》其二就是教材第6课"学思之窗"栏目所提供的，这些史料基本可以满足日常教学的需求。因此对于教师日常备课来说，充分解读教材比寻找新的史料更为重要。

三、实践反思

在本单元的活动设计探索中，就初高中衔接视域下史料实证素养分层目标的落实问题，我们认为可以达成以下共识。

（一）围绕内容主旨与教学内容，分配素养目标

课程内容主旨立足课程视角、聚焦核心素养，既是历史课堂的灵魂，实际上也是学习活动设计

的重要根基。在相似的通史体例下,确定内容主旨和教学内容,必须建立在初高中课标和教材对比的基础之上,这样才能确保高中阶段历史教学目标的有效达成。

学科核心素养目标则是学习活动设计的出发点和落脚点。在具体的教学过程中,史料实证素养目标区分层级后,必须和具体的课程内容相结合,形成更为明确和清晰的表述。

围绕内容主旨和教学内容,本单元的史料实证素养教学目标总体可以表述为:

能从三国至隋唐时期的历史文献、实物、诗歌、绘画等不同类的材料中提取有效信息,学习史料证史的基本方法,例如史料的直接信息和深层信息、史料折射的时代特征和社会心态等视角。由此理解三国至隋唐民族交融、区域开发、制度创新与思想文化领域的新成就及相互关系,更全面地认识中国历史发展的大势。

这一总体目标与上文表2《基于初高中衔接的史料实证素养目标分层》相对应,包含以下几个目标层级:

(1) 获取史料的途径:能分辨不同类型的史料,如文献、实物、文学艺术作品等(1-2),懂得围绕民族融合、区域开发等问题从教材中搜集不同类型史料(1-4)。

(2) 判断史料的性质:能区分原始史料和非原始史料,能从各种类型史料中提取有效信息,来说明三国至隋唐民族关系、区域经济、制度创设与思想文化领域的新成就(2-1)。

(3) 史料证史的路径:能够利用不同类型史料来说明自己对三国至隋唐时期时代特征的认识。认识文学艺术作品的证史价值,进一步提炼文学艺术作品证史的基本路径(3-2)。

(4) 史料的对比归纳:初步尝试利用不同史料的长处进行互证,形成逻辑自洽,来论证自己对三国至隋唐时期时代特征的认识(4-1)。

对于刚进入高中的学生来说,以体现初高中衔接的素养目标为主,循序渐进地培养学生的史料实证素养。三国至隋唐时期的实物和文本较为丰富,可以引导学生尝试运用不同类型史料来说明自己的历史认识,强化论从史出的意识。此外,这一单元下专门有一课文化内容,为文学艺术作品证史提供了素材,因此将这一素养目标分配给了本单元。落实到具体的课时教学中,再结合本课内容进一步调整,更为细致地确定课时教学的史料实证核心素养目标。

(二) 充分挖掘教材,实现课时设计

通过对教材史料的梳理,我们发现将史料按照一定主题进行调整组合,能与课堂的内容主旨呼应,为学习活动设计提供方向;从而通过任务驱动和方法指导,引导学生与教材深度对话,体会史料实证态度在教材中的呈现。这样的活动设计是完全可以在常态教学中实现的。

值得一提的是,除了教材提供的历史文献、实物等史料之外,教材的正文内容实际可以看作编写者的历史解释,而且所有的栏目、插图也是经过编写者认真筛选的,因此一定都蕴含着编写者的思考和意图。所以,从这个角度来说,理解教材编写者的思想也是史料实证素养的重要方面。在课堂教学中,教师可以向学生提供进一步思考的方法,如图片、文字等呈现出哪些表面信息,背后又有哪些隐藏的信息? 教材选择这些史事或图片的意图是什么? 某段教材正文附近放置某一材料是想说明什么? ……学生通过这样的对话,就是在不断练习如何提取史料信息,如何运用各种类型的史料多角度证明历史认识,如何辨析史料使用者的意图等史料实证素养。

指向家国情怀素养培育的学习活动设计

——以《中外历史纲要(上)》第二单元为例

上海市回民中学/朱　琳　沈　姣　齐宏萍

一、研究背景

(一)落实课程标准的基本要求

家国情怀是"学习和探究历史应具有的人文追求,体现了对国家富强、人民幸福的情感,以及对国家的高度认同感、归属感、责任感和使命感。学习和探究历史应具有价值关怀,要充满人文情怀并关注现实问题,以服务于国家强盛、民族自强和人类社会的进步为使命"。[①] 根据《普通高中历史课程标准(2017年版2020年修订)》,将家国情怀置于历史学科核心素养的五个方面中作整体观察——"家国情怀是诸素养中价值追求的目标",可见其目标引领的地位,同样也是历史教育的价值旨归。

必修课程以通史的叙事框架,展示中国历史和世界历史发展的基本过程,是高中历史学习的基本内容。[②] 当下的世界正处于大发展大变革大调整时期,如何在这样一个新的历史节点,更好地培育家国情怀素养?本研究旨在立足学科本质,遵循课程标准,挖掘整合史学资源,以结构化知识凝练学习主题,精心选材设问,开展活动设计,丰富学史方式,增强育人实效。

(二)深挖统编教材的育人资源

历史是国家和民族的集体记忆,中学历史课程以立德树人为根本任务,承载着教育功能。2019年9月,习近平总书记在全国民族团结进步表彰大会上的重要讲话指出,"一部中国史,就是一部各民族交融汇聚成多元一体中华民族的历史,就是各民族共同缔造、发展、巩固统一的伟大祖国的历史"[③]。自2024年1月1日起施行的《中华人民共和国爱国主义教育法》明确规定了爱国主义教育的主要内容,如:中华民族发展史、中华优秀传统文化、国家统一和民族团结的意识和观念等。因此,要引领学生对历史与现实有全面与正确的认识,依据课程标准,立足统编教材,以涵养家国情怀为目标,充分挖潜育人资源,提升育人价值。

"统一多民族国家的发展和巩固"是高中历史统编教材《中外历史纲要》中国史内容的重要组成部分。以统编教材《中外历史纲要(上)》第二单元"三国两晋南北朝的民族交融与隋唐大一统的

① 中华人民共和国教育部:《普通高中历史课程标准(2017年版2020年修订)》,北京:人民教育出版社,2020年,第5页。
② 中华人民共和国教育部:《普通高中历史课程标准(2017年版2020年修订)》,北京:人民教育出版社,2020年,第12页。
③ 习近平:《论坚持人民当家作主》,北京:中央文献出版社,2021年,第284页。

发展"为例,本单元内容要求"通过了解三国两晋南北朝政权更迭的历史脉络,隋唐时期封建社会的高度繁荣,认识三国两晋南北朝至隋唐时期的制度变化与创新、民族交融、区域开发和思想文化领域的新成就"[①]。结合学业质量水平4-5"能够把握中华民族多元一体的发展趋势",[②]基于教材对"三国两晋南北朝"这一特定的时空框架下所呈现的重大历史事件、历史人物及历史现象的叙述,进一步明晰、细化家国情怀素养目标,通过合理整合教学内容,设计出更具有探究意义的综合性学习主题,引导学生在解决问题的过程中获得感性认知与理性认同,达成家国情怀素养的培育。

(三) 植根校本特色的活动设计

我校作为全国民族团结进步教育基地,一方面,从面向全体高中学生的必修课程《中外历史纲要》着手,立足第一课堂,开展学科教学;另一方面,发挥"民族优秀文化传承、民族团结进步教育"的校本特色,拓展第二课堂,聚焦"民族交融",开发校本课程。我们第一时间宣传阐述习近平新时代中国特色社会主义思想,把习近平总书记关于新时代党的民族工作的系列重要讲话精神,"总书记讲过的民族团结进步故事"引入学生的历史学习,融入历史学科育人之中。同时,充分利用校园内的民族文化苑、"荟林馆"历史创新实验室等学习空间,深化民族团结进步教育,铸牢中华民族共同体意识。

诚如"我听了,我忘了;我看到,我理解;我去做,我牢记",历史学习绝非单纯地对史事的死记硬背,而是能够将所学内容灵活运用到实际生活中。通过学习活动设计,引发学习者的求知兴趣,激发参与者的活动热情,将学习内容与活动体验相结合,积极主动地开展历史叙述与历史解释,活动体验即为学习过程的表现。学习者在一次次"与教材对话、与同伴对话、与教师对话、与自己对话"的过程中,从回溯历史到观照现实,体认中华民族多元一体,秉承家国天下情怀,勇担民族复兴重任。

二、学习活动

(一) 案例一

1. 活动主题
忆民族交融史,筑民族团结梦——以《三国两晋南北朝的政权更迭与民族交融》为例

2. 活动目标
(1) 阅读历史地图,制作历史图表,知道三国两晋南北朝时期的政权对峙、更迭的史实,阅读文献,了解南方长江流域开发与发展的史事,解释与评价北方民族融合的方式及影响。

(2) 借助考古发现,了解在南北互通、民族交融中,各民族从纷乱走向统一的时空历程,体悟各民族丰富的多元特色,多元文化的交融与涵化,汇成中华文化的影响力与多样性,融合于大一统国

---

① 中华人民共和国教育部:《普通高中历史课程标准(2017年版2020年修订)》,北京:人民教育出版社,2020年,第13页。
② 中华人民共和国教育部:《普通高中历史课程标准(2017年版2020年修订)》,北京:人民教育出版社,2020年,第44页。

家,形成中华民族多元一体的重要优势。

(3) 认识族群大融合对中华民族共同体的发展具有承上启下的作用,体悟这一时期南北各政权对中华文化的认同、对大一统的追求,使交往交流交融的范围更为广阔,为更深层次的民族大交融准备了条件。

3. 活动过程

(1) 图演南北朝——时空中见交融

从东汉末年到隋唐统一的四百年间,除西晋短暂统一全国外,南北分割和对峙的局面持续了三百多年。这一时期,各民族不断迁徙、相互交融。

① 为了解这段历史,你会收集、阅读哪些历史地图? 请和大家分享你的"地图资源",并说明你选用的理由。

② 根据你选用的历史地图,为大家制作一份简明的历史图表,如运用时间带等结构图,演示东晋与南朝、十六国与北朝的政权更迭概况,梳理历史发展的基本脉络。

(2) 史说南北朝——文献中见交融

在东晋和南朝相继统治下,南方经济有了明显发展。从十六国到北朝,北方政权在民族交融的基础上逐渐壮大,为统一全国准备了条件。

① 阅读材料一,思考: 东晋南朝时期,江南何以开发?

材料一:

永嘉之乱……幽、冀、青、并、兖五州及徐州之淮北流人相帅过江淮。

——〔唐〕房玄龄:《晋书·地理下》

今之会稽,昔之关中。

——〔唐〕房玄龄:《晋书·诸葛恢》

② 阅读材料二,概括东晋南朝时期江南经济开发的主要表现。

材料二:

荆扬州,户口半天下。

——〔南朝〕沈约:《宋书》卷六六列传第二十六

荆城跨南楚之富,扬部有全吴之沃。

——〔南朝〕沈约:《宋书》卷五四列传第十四

③ 拓展探究:搜集资料,谈谈十六国时期的民族交融状况如何?

提示一: 观察教材《东晋十六国形势图》,你有哪些发现?

提示二: 你知道十六国时期诸国实行的胡汉分治制度吗? 谈谈你的看法。

(3) 孝文帝改革——考古中见交融

① 小组讨论: 习近平指出,"要深入挖掘云冈石窟蕴含的各民族交往交流交融的历史内涵,增强中华民族共同体意识"。结合材料三、材料四,我们可以从考古发现中提取哪些历史信息?

材料三:

太和十年的服饰改革,在云冈最早的反映,就是太和十三年11窟外壁小龛上释迦、多宝二佛都穿上了褒衣博带式服装。在另一窟17窟明窗上有一题记，同样是太和十三年，然而服装还是昙曜时期的袒右肩式服装。就是说太和十三年前后，在云冈是形象题材和服装急剧变化的转换时期……题材除佛、菩萨、弟子外，新出现了供养人行列……供养人所穿服装，变化比较显著。早期是鲜卑装束的夹领小袖式游牧民族的服装；晚期供养人则穿上了宽博的南朝汉式服装。

——国家文物局教育处编：《佛教石窟考古概要》

材料四：

北魏洛阳城是在原东汉旧城址上重新扩建的，位于今天洛阳老城东北15公里处。考古工作者通过两次大规模勘察，对城垣、水道、宫城、城内道路及其他建筑遗址，绘制了有关实测图。

——中国社会科学院考古研究所编著：《新中国的考古发现和研究》

② 小组讨论：有人认为，孝文帝是一位有抱负、有魄力的杰出的改革家和政治家，他的改革是中国历史上众多改革中较为成功的一次，结合材料五、材料六，对此你怎么看？

材料五：

(孝文帝于太和十七年)冬十月，诏司空穆亮、将作董迩缮洛阳宫室，明年(494年)而徙都之。

——《魏书·天象志》

太和十九年(495年)九月庚午，六宫及文武尽迁洛阳。

——《魏书·高祖纪下》

材料六：

帝乃谕群臣曰："今者兴发不小，动而无成，何以示后！朕世居幽朔，欲南迁中土；苟不南伐，当迁都于此，王公以为何如？欲迁者左，不欲者右。"南安王桢进曰："'成大功者不谋于众。'今陛下苟辍南伐之谋，迁都洛邑，此臣等之愿，苍生之幸也。"群臣皆呼万岁。

——〔北宋〕司马光：《资治通鉴》

(4) 南北归一统——中华民族大交融

小组讨论：这一历史时期民族交融的方式有哪两种？结合材料七、材料八，如何看待魏晋南北朝时期北方少数民族及其政权对中国历史发展所起的作用？

材料七：

夹御道，东有四夷馆，一曰金陵，二曰燕然，三曰扶桑，四曰崦嵫。道西有四夷里，一曰归正，二曰归德，三曰慕化，四曰慕义。吴人投国者，处金陵馆。三年已后，赐宅归正里。

——〔北魏〕杨衒之：《洛阳伽蓝记·城南》

材料八：

东南不宾，为日已久。先朝已来，置之度外，今天下户口减半，未宜穷兵极武。

——〔唐〕李延寿：《北史·齐神武帝纪》

(建德二年)诏自伪武平三年以来，河南诸州人，伪齐破掠为奴婢者，不问公私，并放免之。其住在淮南者，亦即听还；愿住淮北者，可随便安置。

——〔唐〕李延寿：《北史·周武帝纪》

(5) 以"中国古代的民族交融"为主题，为学校"民族文化苑"设计一次主题展览。

提示：按各个历史时期划分展厅，具体包括秦汉时期、魏晋南北朝时期、隋唐五代时期、辽宋夏金时期、元朝时期、明朝时期和清前中期等七个展厅,完成以下策展提纲(示例如下表)。

表1　"民族文化苑"策展提纲

展厅一	前言	人物特写	互动问答
秦汉时期		文物特写	

4. 活动说明

本学习活动根据课程标准,结合教材文本,拟定本单元第5课"三国两晋南北朝的政权更迭与民族交融"内容主旨为政权更迭、地理分裂、战乱频繁、族群流动,界定了三国两晋南北朝时期的历史特征。这时期,族群大迁徙大交融,既反映了中原文化的影响力,也促进了中华文化的多样性。这些因素为再次的大一统创造了条件。因此,活动设计以"民族交融"为内核,精选地图、文献、考古等历史资料,创设多维情境,以"图演南北朝——时空中见交融、史说南北朝——文献中见交融、孝文帝改革——考古中见交融、南北归一统——中华民族大交融"等渐次展开,启发学生从这一时期的族群交融与文化交融中,体认战争与分裂无法阻挡中华民族共同体的进一步发展,魏晋南北朝是中国古代历史上的第二个民族大融合时期,也是中华五千年不断裂文明的大发展时期。从大分裂到大融合,在中华文化引领下,重建大一统,中华文明得以大发展大传承。

根据2019年9月习近平总书记在全国民族团结进步表彰大会上发表的重要讲话,2021年8月习近平总书记在中央民族工作会议上的重要讲话等,积极引导学生追溯历史、关切现实,认同铸牢中华民族共同体意识是实现中华民族伟大复兴的必然要求。基于课内所学,我们发挥校本特色,以历史学科为中心,整合其他学科,共同开发了"中国系列"课程"民族团结中国梦",包括"遇见""思辨""会读""行走""艺作"等模块组合的多学科校本课程,积极回应时代主题。"遇见"模块即以"遇见"中国古代各个历史时期民族交融历史中的人物与史事为主要学习内容,讲好中华民族交往交流交融历史故事,展现中华民族共同体形成与发展的时空图景;深刻认识"四个共同"与"四个与共",树立正确的中华民族历史观;通过微课题研究、历史剧本创作、学校"民族文化苑"实体展馆策展等形式多样的活动设计,成为第一课堂的有力延伸,旨在深化民族团结进步教育,铸牢中华民族共同体意识。

(二) 案例二

1. 活动主题

"通古今,通彼此":探隋唐选官制度的变化与创新

2. 活动目标

(1) 通过史料阅读,了解隋唐科举制创设和发展的历史背景,模仿分析先秦至南北朝历代选官制度创设的时代背景,理解选官制度的演变是适应社会发展和统治需要的产物。

(2) 通过合作学习,完成历代选官制度的知识梳理,从选官标准、选官方式、选官权力等方面归

纳选官制度的发展趋势,认识科举制的创立使官员选拔变得更加公平公开,中国古代选官制度逐渐走向成熟与完善。感悟中国古代在选官制度上为了尚贤择能积极探索、革故鼎新的精神。

（3）通过史料阅读分析和表格梳理,从科举制的分科取士方式、科目名称、考试内容等方面,认识科举制对察举制的继承与发展,理解隋唐科举制的创设与发展是在革故鼎新中维系着中国古代制度文明的连贯性与整体性。

（4）通过史料阅读分析,从古今贯通、中外联系的视角分析科举制度的影响,认同科举制度是中华民族创造的政治文明成果之一,了解科举制度对世界的影响,增强民族自信心和自豪感。

3. 活动过程

（1）诗中见史:唐代诗人孟郊的科举之路

阅读材料一,了解孟郊的诗作和生平,思考作者孟郊的心理变化及其原因。

材料一:

一夕九起嗟,梦短不到家。两度长安陌,空将泪见花。

——〔唐〕孟郊:《再下第》

昔日龌龊不足夸,今朝放荡思无涯。春风得意马蹄疾,一日看尽长安花。

——〔唐〕孟郊:《登科后》

孟郊者,字东野,湖州武康人。……年五十,得进士第,调溧阳尉。

——《新唐书》卷一七六《列传》第一百一

（2）制度探源:科举制的创设和发展

① 阅读材料二,分析科举制的创设背景,梳理科举制的发展。

材料二:

（刘毅罢除九品中正制上疏）今立中正,定九品,高下任意,荣辱在手,操人主之威福,夺天朝之权势……上品无寒门,下品无势族……愚臣以为宜罢中正,除九品,弃魏氏之弊法,更立一代之美制。

——〔唐〕房玄龄:《晋书·刘毅传》

进士科始于隋大业中,盛于贞观、永徽之际。

——〔五代〕王定保:《唐摭言》卷一《散序进士》

② 结合材料三,分析科举制的创设动机,谈谈科举制与九品中正制的不同。

材料三:

科举意为分科考试举人,其中以考儒家经典的明经和兼考诗赋、对策的进士为最重要的两科。应试者不限财产、门第,允许投牒自举。

——摘编自《历史选择性必修1　国家制度与社会治理》教师教学用书

唐代科举最重要的进士、明经两项科目,从形式上来看和过去的孝廉、秀才有继承关系,只是当门阀盛时被举为秀才孝廉的人必定出于世族,而唐代并无此限制。

——唐长孺:《南北朝科举制度的萌芽》

（唐太宗）私幸端门,见新进士缀行而出,喜曰:"天下英雄入吾彀中矣!"

——〔五代〕王定保:《唐摭言》卷一《述进士》

③ 阅读材料四,模仿上一环节,从背景和动机的视角分析历代选官制度的创设,谈谈制度与时代的关系。

材料四:

世官制是夏商周到春秋时期的官吏选拔制度。世官制下,高官世代相袭,官位与血缘结合,世官制与我国奴隶社会的宗法制、分封制国家治理方式相适应。

战国时期,各国争霸激烈,对人才的需求也更加迫切,尚贤择能的呼声更加高涨。各国变法废除贵族的世卿世禄制……举荐与功劳是这一时期的官吏选拔方式……各国君主不限地域、资历、国籍、身份,不惜高官厚禄延揽贤才。

(汉朝)大一统王朝建立并巩固后,举荐功劳制已经不适应新形势的需要了。汉武帝元光元年,察举制建立并成为官吏选拔的主体。察举制以儒家思想作为官员选拔的指导思想……确立了依靠乡里舆论评价和考核并重的人才选拔方式。

汉末社会动荡,"人口流移,考详无地",察举制所依赖的乡里清议失去了社会基础……曹丕继任魏王后,颁行九品中正制……中正从本地在中央现任的高级官吏中选派。

——摘编自《普通高中教科书教师教学用书·历史·选择性必修 1　国家制度与社会治理》

(3)"通古今":科举制对历代选官制度的继承与发展

① 小组合作学习:查找资料,完成"历代选官制度"表格填写,梳理不同朝代的选官制度、选官标准和选官方式。

表 2　历代选官制度

朝　代	选官制度	选官标准	选官方式
夏商周至春秋	世官制	血缘	世袭
战国	举荐功劳制	才能、军功	举荐
汉	察举制	乡里舆论评价、才能	以举荐为主,考核为辅
魏晋南北朝	九品中正制	家世、行状	举荐
隋唐	科举制	考试成绩	分科考试

② 根据完成的"历代选官制度"表格,模仿示例,尝试从选官标准、选官方式、选官权力等方面归纳历代选官制度的发展趋势(见图 1)。

示例:
　　从选官标准来看:选官从重视_____到重视_____。
模仿:
　　从_____来看:选官从_____到_____。

图 1　历代选官制度的发展趋势

③ 阅读材料五,结合所学知识,以"继承与发展"的视角,从分科取士、考查儒学中认识隋唐科举制对前朝选官制度的继承。从应试资格、选官标准、选官方式中认识隋唐科举制对选官制度的创新和发展(见图2)。

示例:

　　从取士科目来看,科举制中的分科取士方式和科目名称与汉代察举制有相似之处,但隋唐也在具体科目上有新发展。

模仿:

　　从_____来看,科举制继承了_____。

　　从_____来看,科举制创新了_____。

图2　隋唐科举制的继承与发展

材料五:

汉武帝……察举制以儒家思想作为官员的选拔的指导思想,开我国历史上儒学取士先河。确立了每年按规定定期选拔官员的常科,如孝廉、茂才(秀才)、察廉;确立了按需要随时选拔官员的特科,如贤良方正、贤良文学、明法等。汉举贤良,自董仲舒以来,皆对策三道……当时未有黜落法,对策者皆被选,但有高下尔。

科举……以考儒家经典的明经和兼考诗赋、对策的进士为最重要的两科……科目分为常举、制举两大类型。常举是岁举科目,较常见的有秀才、明经、进士、明法、书学、算学等;制举科目众多,如文词、吏治、儒学、贤良等。

——摘编自《普通高中教科书教师教学用书·历史·选择性必修1　国家制度与社会治理》

(4)"通彼此":多视角评价科举制的影响

钱穆先生在《中国历史研究法》中指出,我们研究制度,必然是一种通学。一方面,每一制度,必前有所因,无可凭空特起,此须通古今;又一方面,每一制度,同时必与其他制度相同合一,始得成为某一时代、某一政府之某制度,此须通彼此。

小组讨论:阅读材料,结合所学,你如何认识科举制的影响?

材料六:

科举公平考试最受益者无疑是寒素阶层,从魏晋以来,寒素阶层多担任浊吏等低级官吏,所谓的清流被士族、门阀独占,寒素很难跻身清流。隋唐科举考试改变了这一界限,寒素阶层不仅可以通过举业,干禄养亲,解决自家生活窘迫的局面,而且可以改变门庭。

——金滢坤:《中国科举制度通史·隋唐五代卷》

材料七:

隋唐建立以中央国子监、弘文馆与地方州县学为主的官学体系,设置学馆,用九经为主的儒家经典作为教学和科举考试内容,培养和选拔大一统中央集权国家所需的文官队伍。

……馆学教育就无法满足举子的应试需求,而私学的多样性正好满足了科举考试发展的需要。于是,私学的发展突破了魏晋以来家学以宗族子弟为主要教育对象的特点……面向一个地区的普通百姓……为书院产生创造了条件,并在唐末五代形成了陈氏书堂、白鹿洞等书院的雏形。

——金滢坤:《中国科举制度通史·隋唐五代卷》

材料八:

隋唐之初民族问题十分复杂,全国地域之间存在很大差异,需要寻找一个超越不同集团、地域范畴的选举制度,才能统率、笼络人心。唐太宗即位之初,就视不同民族和地域为"天下一家",宣布官员的选拔,不看民族、地域和阶层出身。

——金滢坤:《中国科举制度通史·隋唐五代卷》

材料九:

中华民国时期的文官考试制度主要是借鉴近代西方文官制度的产物,同时也保留了中国传统科举制的部分特征,无论是从制度规定还是从实际运作的层面来看,它都是一个传统与现代的混合体。

——李里峰:《现代性及其限度:民国文官考试制度平议》

材料十:

唐代科举……欢迎外国留学生和旅华人员应考,及第者可在华做官,或回到本国授官,主要招收新罗、渤海国、大食、波斯等外国士子……隋唐科举制度远播异域,传到新罗、日本,新罗王朝出现了近似科举制度的"读书三品出身"制,到高丽王朝时产生了类似唐朝的科举制度。日本在701年颁布大宝令,设秀才、明经、进士三科。

——金滢坤:《中国科举制度通史·隋唐五代卷》

材料十一:

孙中山认为科举制影响了英国的文官制度。他说:"现在各国的考试制度,差不多都是学英国的。穷流溯源,英国的考试制度原来还是从我们中国学过去的。"

1983年,时任美国人事总署署长艾伦·坎贝尔在中国讲学时曾公开说:"当我……来中国向诸位讲文官制度的时候,我是深感惊讶的。因为,在我们西方所有的政治学教科书中,当谈及文官制度时,都把它的创始者归于中国。"

——摘编自《普通高中教科书教师教学用书·历史·选择性必修1　国家制度与社会治理》

4. 活动说明

本学习活动围绕本单元第7课《隋唐制度的变化与创新》第一子目"选官制度"展开深度学习。活动设计遵循课程标准,基于单元教学目标统摄下的活动路径,以学生熟悉的学习情境——"诗中见史"入题,进而展开"制度探源",认识历代选官制度都是适应社会发展和满足统治需要的产物,再及"通古今,通彼此",从古今贯通、中外联系的视角分析科举制度的影响,将家国情怀素养的培育蕴含于历史理解与历史解释之中。

学习活动有多种形式,包括自主完成学习任务单填写、史料研习和小组讨论等活动环节。学生在此过程中动手、动脑、动口,学习积极性与探索求知欲被充分激发,有利于提高课堂参与度、提升历史思维能力与文化认同感。

学习活动的多维视角：第一，从具体时代背景、国家治理的需要等视角理解科举制度的创设。认识到选官制度是我国古代政治制度的重要组成部分，也是社会治理的必要前提。隋唐时期的中国进入统一多民族封建国家的发展期，统治者为消解魏晋以来九品中正制带来的地方离心因素，创设科举制是在选官制度层面上做出的影响深远的改革和创新。第二，从科举制对前朝选官制度的继承与发展的视角切入，引导学生认识到科举制打破了门第限制，以分科考试方式，使官员选拔变得更加公开和公平，从而感悟中华民族在选官制度演进中积极探索、革故鼎新的精神。

（三）案例三

1. 活动主题

隋唐时期中外交流探微

2. 活动目标

（1）了解隋唐时期中外交流的重要史事，知道中外文化交流在政治、经济、文化等方面的具体表现。

（2）通过实物、文献、图像等不同类型史料的释读与分析，懂得获取史料的基本途径，尝试从经济状况、政治形态、时代特征等视角，诠释隋唐时期繁荣与开放局面形成的原因和影响。

（3）感受唐朝文化强大的向心力，认同中华优秀传统文化的价值，增强对国家、民族的认同感和自豪感。

3. 活动过程

（1）万国衣冠——条条大路通长安

唐朝商业繁荣，水陆交通发达，贸易往来频繁，出现了一些代表性的都市。长安城商铺林立、百业兴旺，不仅是当时中国政治、经济和文化交往的中心，也是一座国际性的大都会，长安城的繁盛与唐朝发达的对外交通具有莫大关联。

① 观察教材《唐朝对外主要交通路线示意图》，说说唐朝对外交通有何特点，反映了唐朝政府怎样的对外政策。

提示一：从路线和范围两个视角提炼。

提示二：海路交通线得以保障的因素。

② 海陆两条丝绸之路稳定而有序地并举和交替，吸引了诸多商人、学者、使节等来到长安，推动了唐朝长安城成为国际化大都市和东西文明交汇之地。观察《唐代长安城平面图》，概述长安城的城市布局体现了怎样的特征，李白的诗歌反映了当时怎样的社会风貌。

材料一：

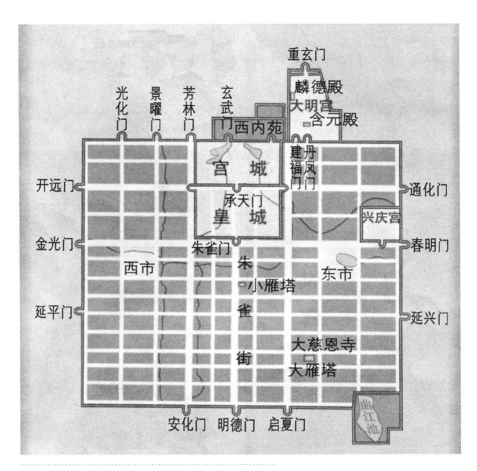

图3　唐代长安城平面图

材料二:

胡姬貌如花,当垆笑春风。

笑春风,舞罗衣,君今不醉将安归。

——〔唐〕李白:《前有一樽酒行二首》

商贾所凑,多归西市。

——〔北宋〕宋敏求:《长安志》

(2) 你来我往——丝绸之路上行走的人

材料一:

1957 年,陕西省西安市鲜于庭海墓出土了一件《三彩釉陶载乐骆驼》,现收藏于中国国家博物馆。只见骆驼昂首挺立,驮载了 5 个汉、胡成年男子。中间一个胡人在跳舞,其余 4 人围坐演奏。据专家推测,载乐骆驼陶俑表现的应该是长安百戏中的一个杂技节目。

① 观察《三彩釉陶骆驼载乐俑》,我们还可以提取哪些历史信息?

② 观看《玄奘之路》纪录片中关于《大唐西域记》的片段,简介《大唐西域记》对沿路国家的自然风貌、风土人情所作的详细记载。

③ 小组讨论：《大唐西域记》由玄奘根据亲身经历口述而成，考古学家根据《大唐西域记》的有关记载发掘了印度那烂陀寺遗址，结合此项考古发掘，你如何看待这一文献的史料价值？

④ 有人向西求法，也有人将佛教文化向东传去，这条古老的丝绸之路，见证了无数文化交流使者们匆忙的身影。除玄奘、舞者外，还有哪些人"行走"在丝绸之路上呢？他们以怎样的方式进行往来？阅读材料，思考材料传递了怎样的历史信息，这展现了唐朝的对外政策具有怎样的特点。

材料二：

日本晁卿辞帝都，征帆一片绕蓬壶。

明月不归沉碧海，白云愁色满苍梧。

——〔唐〕李白：《哭晁卿衡》

材料三：

唐中叶以后，蕃胡留学中国，参与贡举者甚众，……其特色为"各自别试，附于榜尾"，盖以蕃胡之国学修养不及唐人，故命题、阅卷、发榜均不得与唐人同列也。

——谢海平：《唐代留华外国人生活考述》

图 4　三彩釉陶载乐骆驼

材料四：

诸化外人，同类自相犯者，各依本俗法；异类相犯者，以法律论。

——《唐律疏议·名例律》

(3) 荟萃东西——双向互动的历史痕迹

出土文物承载着璀璨的文明，讲述着中外交流的故事。思考与讨论：观察文物、阅读材料，它们反映出唐朝中外交流涉及哪些方面？这些史料具有怎样的历史价值？唐朝中外交流产生了怎样的影响？请具体说明。

图 5　日本仿唐制作的和同开珎钱币

大食人俑　　东罗马金币

非洲黑人俑

图 6　唐墓出土文物

材料五：

在鉴真的设计及领导下,建造了著名的唐招提寺。鉴真随船带到日本的还有绣像、画像、书帖等,其中有王羲之父子的真迹,后来成为日本书法的准绳……鉴真对医药学很有研究,在日本医学界是位备受尊敬的先师。

——摘编自白寿彝总主编:《中国通史》

材料六：

李唐起自西陲,历事周隋,不唯政制多袭前代之旧,一切文物亦复不闻华夷,兼收并蓄。第七世纪以降之长安,几乎为一国际的都会,各种人民,各种宗教,无不可于长安得之……异族入居长安者多,于是长安胡化盛极一时,此种胡化大率为西域风之好尚:服饰、饮食、宫室、乐舞、绘画,竞事纷泊;其极社会各方面,隐约皆有所化,好之者盖不仅帝王及一二贵戚达官已也。

——向达:《唐代长安与西域文明》

材料七：

葡萄美酒夜光杯,欲饮琵琶马上催。

——〔唐〕王翰:《凉州词》

女为胡妇学胡妆,伎进胡音务胡乐……胡音胡骑与胡妆,五十年来竞纷泊。

——〔唐〕元稹:《法曲》

4. 活动说明

基于课标解读和教材内容统整,学习活动设计围绕本单元关于"中外交流"的主要内容。隋唐时期国力的强盛、疆域的拓展、经济的繁荣、开明的民族政策、发达的对外交通,共同推动了隋唐统一多民族国家的繁荣与发展。唐朝以其强盛的国力和强大的文化向心力,吸引了域外人士纷至沓来。基于此,活动设计以"万国衣冠——条条大路通长安""你来我往——丝绸之路上行走的人""荟萃东西——双向互动的历史痕迹"三大篇章展开,唐朝与域外的经济文化联系频繁,海陆并举的交通线上自西而来、向东而去的人络绎不绝,丝绸之路上的故事更是千古传诵。引导学生关注丝绸之路上的历史人物、历史现象、中外交流成就等,展现隋唐时期的中外交流通过派遣使节、商业贸易、宗教传播等多种途径频繁往来。互动交往一方面向外传播了唐朝文化,另一方面也赋予了唐朝文化进取和吸纳的特性,开放、包容、多元成为唐朝文化的代名词,由此将宏阔的历史画卷具象化,融入学生的感性认识之中。充分运用地图、诗歌、文物等史料开展研习活动,通过史料节选与考古发掘的分析与互证,尤其是《大唐西域记》,让学生感悟玄奘对中外文化交流作出的重要贡献,体会该文献是研究西域各国政治、经济、文化等方面的重要史料,为进一步认识中华文明对周边地区的影响力与辐射面提供了有力支撑。

持续的对外交流是唐朝繁盛的原因之一,长安城的异域风情更是中外文化交流的重要成果。正是唐代的开明与开放,让来往的商人、求法的僧人、好学的使者……你来我往,互动活跃,各国的奇珍异宝,异域的音乐与舞蹈,使得唐朝中外交流的历史细节变得分外鲜活,中外交汇丰富了璀璨的中华民族优秀传统文化,扩大了中华文化的国际影响力。由此,从政治经济、社会生活、对外交往等多维度认识唐朝开放与包容的文化底蕴,感受"海纳百川,有容乃大",增强学生对中华民族的认同感与自豪感,坚定文化自信。

(四)案例四

1. 活动主题

"民族文化苑"策展:交融——魏晋南北朝隋唐时期的中华民族精神

2. 活动目标

(1) 在魏晋南北朝隋唐时期这一特定的时空框架下,梳理这一时期民族交往、民族关系、史学发展、多民族文化碰撞与交融、大唐盛世等相关史事;体验展馆策展、布展以及讲解推广等。

(2) 体悟魏晋南北朝隋唐时期的重史精神与民族忧患意识、中国传统文化的经世济民精神以及"海纳百川,有容乃大"的胸怀和气象。

(3) 理解并认同社会主义核心价值观和中华民族优秀文化以及中华民族多元一体的格局,体认、崇尚与传承中华民族精神,自觉维护民族团结,铸牢中华民族共同体意识。

3. 活动过程

(1) 学生分组合作,根据活动主题,商议小组选题,确定成员分工。示例如下:

表3　小组可选活动主题示例

选　题	提　　示
① 长安之东——唐朝与东亚	有学者认为,"大唐作为一个巨型政治体,其与周边世界内容丰富的文化交流和多元复杂的政治关系构成了半部全球史"。请谈谈你对此的看法
② "以民为本"精神的探新	隋唐统治者的"民本思想"较秦汉时期有了怎样的发展?
③ 重史精神与民族忧患意识	了解魏晋南北朝四百多年的分合,关注历史撰述,从历史总结中汲取治国安邦的经验。你是否发现这一时期在历史的沉思中,向我们透露出强烈的民族忧患意识?
④ "征诸人事,将施有政"的经世情结	魏晋南北朝时期,国家分裂与社会动荡,请收集这一时期的史学著作,说说有何特点
⑤ 大唐气象	尝试从盛世之世与文化发展的角度,谈谈你对"大唐气象"的看法
⑥ 其他	……

(2) 根据选题,搜集资料,交流、筛选史料信息,为伙伴推荐相关阅读资料。

(3) 制作历史卡片,展示交流分享,各小组互作点评。

选　　题	_____
资料来源	_____
人物特写	_____
分　　享	_____

图7 "交融——魏晋南北朝隋唐时期的中华民族精神"历史卡片

（4）布置"民族文化苑"展板，撰写讲解员解说词。

4. 活动说明

"我们辽阔的疆域是各民族共同开拓的。我们悠久的历史是各民族共同书写的。我们灿烂的文化是各民族共同创造的。我们伟大的民族精神是各民族共同培育的。"[1]基于"四个共同"的共识，本学习活动据"魏晋南北朝时期既是古代中国自秦汉以后首次出现较长时间割据对峙的时期，也是中国历史上第二次大规模、长时段的族群融合时期"，[2]聚焦魏晋南北朝时期的"中华民族精神"，从半开放式、全开放式问题着手，充分挖掘校本资源——"民族文化苑"，带领学生在学校"民族文化苑"策展、布展等真实情境中，开展探究活动，参与学习空间建设。充分发挥学生自主学习、合作学习的积极性，通过选题提示、历史卡片的制作、展览布置等，以示范、模仿、迁移为路径，为学生思考与探索提供支架，供不同层次学生的需要，服务于学生的个性化学习。

三、活动反思

对祖国的热爱，民族自信心的树立，正确的人生观、价值观的确立，离不开对祖国历史的了解。在新课程、新教材进一步推进的背景下，本研究解决的问题，即通过整合教学内容，凝练主题，探究指向家国情怀素养培育的学习活动设计的实施路径，基于对历史学科核心素养的内涵与价值的认识，以学生为主体的学习活动设计，通过教师引导、合作学习、问题探究等，将学习任务、支持性信息、程序性信息、部分任务练习作为四大核心设计要素，主题设计彰显中心思想、聚焦核心概念、重构学习资源、烘托主干问题，以实现整体学习意义的建构。[3]

本研究以统编教材《中外历史纲要（上）》第二单元"三国两晋南北朝的民族交融与隋唐大一统的发展"为例，根据课程标准、依托教材资源、结合校本学情，通过选材与设问，创设多维情境，设计任务问题，以学生体验实际问题的解决，达成家国情怀素养的培育。四则案例依据家国情怀素养目标的分解推进落实，各个案例相互关联，注重内在衔接与有序进阶。如案例一聚焦单元内自然课的学习与拓展，案例二围绕某一子目的深挖与贯通，案例三尝试单元内容重组，案例四开展在前述活动基础上的开放式探究。其设计与实施呈现以下特点：立足以学生为本，遵循学生认知规律，

① 《中华民族共同体概论》编写组：《中华民族共同体概论》，北京：高等教育出版社，民族出版社，2023年，第7页。
② 《中华民族共同体概论》编写组：《中华民族共同体概论》，北京：高等教育出版社，民族出版社，2023年，第113页。
③ 周云华：《基于深度学习的学习主题设计研究》，《历史教学（上半月刊）》2020年第11期。

彰显校本特色,体现育人旨归。基于单元统整意识,资源开发从课内到课外,将教材文本与时事热点相结合;主题凝练由"民族交融"延伸至"中华民族共同体",鲜明地呼应时代要求;活动实施从必修课程扩展至选修拓展,通过"民族交融""制度创新""中外交流"等学习主题,逐步提升至综合性主题学习活动的开展,呈现出先行示范、渐次模仿、逐步迁移,直至解决现实问题的进阶路径。

具体来看,案例一的活动设计旨在把握历史与现实相统一。一方面,植根课内,立足学科教学,充分认识魏晋南北朝时期的族群大融合对中华民族共同体的发展具有承上启下的作用;另一方面,生发课外,创新校本拓展。以历史学科为中心初步探索跨学科校本课程的开发与实施,回应"深化民族团结进步教育,铸牢中华民族共同体意识"的时代课题,依托700多平方米的"民族文化苑"实体展馆,确立系统思维,充分发挥学科特点,从讲好民族交融故事入手,引导学生在历史的探究中体验丰富多样的学习活动,遇见"有意思""有意义"的民族交融的人物与史事,体认中华民族大一统历史传统,摒弃"贴标签式"的灌输,在培育家国情怀素养中,将民族团结进步教育"入耳、入脑、入心",深刻理解"中华民族共同体意识是民族团结之本"。

案例二的活动设计意在以隋唐科举制度这一政治文明成果培养和提高学生家国情怀的历史学科核心素养。从选官制度继承与发展的视角切入,使学生感悟制度建设的长期性与连续性,增强民族文化自信和民族自豪感。通过本次"探隋唐选官制度的变化与创新"学习活动的示范,启发学生模仿探究其他政治制度,关注制度与制度之间的关联,从历史传承、现实需要等视角理解其他制度的创设与发展,如以"继承与发展"的视角认识古代中央官制、地方制度、赋税制度等其他政治制度,也可鼓励学生"像历史学家一样思考",继续拓展历史研究的其他视角,使其在面临新的、真实世界的情境中,能够建立起学科概念、知识与真实世界情境的关联,能够解释信息、创建模型、形成理解世界的新方式,从而解决现实问题。

案例三以文明交流互鉴的维度凝练主题,以时间、空间与人的活动作为主线贯穿学习活动始终,依托多源的材料、多元的视角、多维的情境,层层展开、渐次描绘出隋唐中外交流生动而丰富的历史面相。一方面,鉴真东渡反映的是中日两国交流密切,唐朝文化对日本的文字发展、城市布局、制度创设等方面产生诸多影响,展现了中华文化的独特魅力;另一方面,西行而至的域外美食、胡乐,甚至妆容等对唐朝人的日常生活形成了极大影响。活动设计紧扣这一时期中外文化交流中你来我往、双向互动的历史特征,巧妙地融合在师生对史料的研读与互证之中。由是观之,正是基于课标与教材的深层解读,将家国情怀素养的培育建于其他诸素养之中,方能将学科育人于无痕。

案例四呈现开放式问题特征,以教师引导、同伴互助的方式,激发学生在史事的探究中体悟中华民族精神,内化家国情怀的涵养。此外,以本校"荟林馆"历史创新实验室学习空间为依托,开展了"荟林讲堂"历史学科主题学习活动(见下表4)。

表4　"荟林讲堂"历史学科主题学习活动单

1. 选题:根据《中外历史纲要(上)》第二单元学习内容,选择感兴趣的主题,如相关历史事件/历史运动、历史人物、历史遗物遗址等,自拟主题,开展探究学习。
2. 微报告分享:(独立承担或团队合作)撰写微报告,制作PPT演示文稿,做5—8分钟演讲展示。
3. 邀请3组同伴互评,完成记录单。

续　表

				《中外历史纲要》学习微报告记录单		
课　　题	第___单元 _____ 第___课 _____					
时　　间	年　　　月　　　日					
报 告 主 题						
报 告 人	学号			姓名		
团队合作情况记录						
报 告 团 队	学号	姓名	分工			
团队负责人			□A. 资料收集　　□B. PPT 制作　　□C. 演讲　　□D. 其他			
团 队 成 员			□A. 资料收集　　□B. PPT 制作　　□C. 演讲　　□D. 其他			
评　　价	选题(5分)	演讲(8分)	演示(4分)	特色(3分)	总分(20分)	总评
备　　注	选题(0—5分):聚焦单元学习内容\有新意\有趣味 演讲(0—8分):史料丰富\史论结合\逻辑严密\表达流畅\生动形象\互动性好 演示(0—4分):图文并茂\条理清晰\排版美观\演示流畅 特色(0—3分):印象深刻\启迪思考\激发探究					
学 习 收 获	在此次学习活动中你(们)收获的史学新知(如对史事和史论的了解)、史学研究的方法或技能、学习体验(在自主探究或分工合作中的感受)……					
探 究 展 望	在本次探究的基础上,你有什么疑问,还想了解哪些? 尝试拓展你的研究,你将如何行动?……					

经由以上实践,初步形成了指向家国情怀素养培育的学习活动设计的基本原则与路径:

其一,整合性与系统化。"结构化、情境化、凸显学科大概念的知识,发展核心素养的功能最强。"[①]因此,学习活动设计内容的整合性,体现在以课程标准为依据,将课程内容、教材内容,按照本学科知识的内在逻辑以及学生认知规律加以整合,使其结构化。同时,在学习活动设计中,活动目标需要对单元整体目标与各课分解目标进行系统性思考,厘清单元整体目标与各课分解目标之间的关系,凸显单元目标,形成具有统摄单元内各课分解目标的系统架构。因此,家国情怀素养培育应更为注重历史与现实的联系,充分整合、系统架构学习内容与现实生活的关联,真正让学生体会历史学习服务于生活、服务于人生。

其二,多样化与贯通性。课程标准坚持以学生为主体的教学观念,遵循从感性到理性的认识过程,通过创设历史情境,加深学生的感性认识,逐步提升对历史的理性思考。由是观之,学习活动

---

① 刘月霞、郭华:《深度学习:走向核心素养(理论普及读本)》,北京:教育科学出版社,2018年,第73页。

设计更为注重创设多样化情境,学生在丰富多样的"新"情境中,能够将所学内容进行迁移与运用、探究与建构历史,最终指向真实情境中的问题解决。当然,在单元视角下,每一主题内部的活动设计需要具有贯通性,各主题活动之间也需要整体架构,达成逻辑贯通。因此,学习活动设计的开发与实施,需要不断跟进反馈与优化。

在以上基本原则指导下,学习活动设计的一般流程如下图所示:

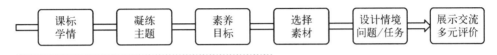

图8　学习活动设计的一般流程示意图

如何优化"指向家国情素养培育的学习活动设计"路径,以便操作与复制推广;对照课程标准关于历史学科核心素养的学业质量水平设计有效的活动并进行评价,尝试教师和学生协同设计可行的评价量规;观测学生在参与学习活动中的心理感受和收获;不断开发丰富典型的案例资源,更好地实现"教—学—评"一体化,这些问题有待后续研究的深入推进。

指向家国情怀文化传承素养的学习活动设计与实施

——以《中外历史纲要(上)》第二单元为例

上海市向东中学／翁　越　赵旭茹　顾　源

一、研究背景

20世纪90年代以来,科技迅猛发展,人才的竞争日益激烈,对基础教育提出了前所未有的要求。普通高中历史课程的改革,要求根据历史学科和历史教学的特点,全面发挥历史课程的教育功能,并围绕学科核心素养的培养,在内容的选择上,坚持基础性、时代性,加强与现实生活和社会发展的联系,突出科学性与人文性的统一,强调历史的价值与现实意义。课程的基本理念是课程设计的导向和目标,历史教育的学科性质决定着历史课程的立德树人的教育功能。

家国情怀是历史学科核心素养体系中的信念系统,在文化传承观念的指导下,学生能够了解三国两晋南北朝的民族交融与隋唐统一多民族封建国家发展中的优秀文化成果,从历史变迁中培育学生家国情怀在文化自觉方面的表现和正确意识的塑形。家国情怀是学习和探究历史应具有的人文追求,了解中国各个历史时期传承的民族文化,能够认识中华民族多元一体的历史发展趋势,形成对中华民族的高度认同感和正确的民族观,树立积极进取的人生态度,形成健全的人格,进而认识到中华文明的历史价值和现实意义,这是历史教育的根本旨归。

文化传承是文化发展的重要特征,人类文明得以延续的核心就是文化的传承与创新。中华文明连绵不断且博大精深,正是因为各个时期对于文化的继承与发展所做出的不懈努力。不仅是本民族内部的文化继承,还有外部文化的传入且不断本土化的过程,都充分体现了中华文化的多样性、包容性、凝聚性、连续性的特点,奠定了中国多元一体的发展格局。

《中外历史纲要(上)》第二单元"三国两晋南北朝的民族交融与隋唐统一多民族封建国家的发展",从政权的更迭到隋唐时期制度的变化与创新、经济的发展、民族交融、思想文化领域的新成就,旨在反映三国两晋南北朝至隋唐这一时期,中国封建社会各个方面在继承与创新之中达到高度繁荣的状况。

综上,高中历史课程家国情怀教育的开展基于中华优秀传统文化的学习,本课题旨在从文化传承的视角培养学生对于中华优秀文化的认同感。本项目借助《中外历史纲要(上)》第二单元"三国两晋南北朝的民族交融与隋唐统一多民族封建国家的发展"教学案例,加强对教育规律、学情的研究,指向文化传承的素养培育,确保教师的教与学生的学都聚焦在家国情怀的核心素养上,促进学生主动学习与意义建构,探索历史课堂教学活动改革路径和策略,探究融通选修、必修教材和纲要教材课程的大单元设计活动,充分挖掘利用教材作为情境创设的素材,依据指向文化传承的关键意识和教学目标的达成来探究本质问题的设计与运用。

我们将统编版高中《中外历史纲要》上下册与选择性必修教材的教学进度相结合，挖掘教材内容的共通之处，重视以史料辨析能力为主题的教学构建；尝试改变纲要与选修、必修教材的传统备课方式，针对学生实际设计教案，重视价值引领，开发运用整合教材和教学活动的设计能力，发挥教师群体的合力作用，交流互助、合作创新。

我们改变日常的学习模式，探究有效的、通盘的家国情怀核心素养的学习方式，提升学生对历史的感性认识与理性认识。帮助学生树立正确的历史观，认识中华民族多元一体的历史发展趋势，了解、认识并认同中华优秀传统文化，形成对中华民族的认同感和正确的民族观，增强民族自信心和自豪感，形成传承文化的意识，塑造健全人格，形成多维度、多层次分析解决问题的能力。

面对涉及多领域的教材内容，课题小组深入挖掘教材内容的学科内涵，总结共通内容的特性；将教材结合实际，实施专题形式的教学模式，并针对学生的学习情况，设计探究学习的教案，注重核心素养的落地；从家国情怀、文化传承与生活价值的角度提取史料关键语，确定关键词，围绕家国情怀素养的落地来设计教学活动；对重要历史概念进行深度剖析，设置情境材料，在阅读理解基础上进行预测和假设；在作业练习反馈上，引导学生小组合作查找、整理资料，完成主题式展示活动，分享交流自己的作业成果，生成文化传承的价值追求。

本单元主要包括了第 5 课"三国两晋南北朝的政权更迭与民族交融"、第 6 课"从隋唐盛世到五代十国"、第 7 课"隋唐制度的变化与创新"、第 8 课"三国至隋唐的文化"。根据《普通高中历史课程标准(2017 年版 2022 年修订)》，本单元对应的内容标准为：通过了解三国两晋南北朝政权更迭的历史脉络，隋唐时期封建社会的高度繁荣，认识三国两晋南北朝至隋唐时期的制度变化与创新、民族交融、区域开发和思想文化领域的新成就。

本单元希望通过能激发对国家富强、人民幸福的情感的多种类型的学习活动设计，让学生体验当时人们所处的历史背景，引导学生以问题意识和证据意识在新情境中对该历史时期进行探索，在文化传承方面形成历史使命感，理解历史进程中的变化与延续、继承与发展，体悟历史的人文追求。

二、学习活动

（一）案例一：三国两晋南北朝的政权更迭与民族交融的学习活动设计

1. 研究背景

三国两晋南北朝是中国古代"大一统"秩序受到挑战进而重塑的时期。各政权、民族间的战争与冲突，导致政权的频繁更迭、疆域变迁、人口迁徙，促进了南北区域经济的发展，为"大一统"的重塑奠定了基础。活动设计引导学生从战争、人口迁移、改革、政权更迭中感悟不同时期民族交融不断深入，从各民族在地域、经济、文化、习俗、政治等领域的交往、交流、创新，认识统一多民族国家的发展趋势。

（1）注重文本解读，提炼活动主旨

第 5 课"三国两晋南北朝的政权更迭与民族交融"是《中外历史纲要(上)》第二单元"三国两晋

南北朝的民族交融与隋唐统一多民族封建国家的发展"的首课,三国两晋南北朝处于中国古代史的中古时期,涵盖700年的历史,本课所学内容时间跨度大,所涉政权众多,史料丰富,因而对教材文本的解读,是非常有必要的。

课程标准对本课的要求重点在于三国到南北朝的民族交融,理解民族交融的原因、内容、影响是学习本课的关键所在。三国两晋南北朝的民族交融、制度创新、区域经济发展是隋唐盛世出现的根基,因而本课在本单元教材中具有开篇的作用,让学生理解历史发展的延续性,能够达成家国情怀素养的培养。

(2)针对学情,设定预期学习目标

通过对三国两晋南北朝历史地图的观察,了解这一时期政权更迭的历史脉络、疆域的变化,认识历史发展从分散到整体的基本情况,培养学生的时空意识;利用人口迁徙示意图、文献史料等资料,认识南北区域经济共同发展的原因及影响,培养学生的思辨能力;以孝文帝改革为例,通过了解改革促进不同文化的相互吸收、制度的相互影响与创新,认识到改革创新是中华民族的优秀思想传统,感悟中华优秀文化的继承性与创新性;通过小组讨论分析,理解中国古代"大一统"秩序得以重塑的原因,认识到三国两晋南北朝的时代特点是政权更迭中民族交融的不断深入,为隋唐统一奠基,认识到历史文化的变迁、延续、发展与进步。

(3)重整教材内容,梳理时代特征

本课所涉时间跨度大,内容多,线索杂,所以有必要重新整合教材内容。三国两晋南北朝既是时间概念,更是地理概念,因而引导学生梳理这一时期的地理范围变化,认识民族关系的变化受到主观和客观因素影响,培养学生的思辨意识。本课学习活动从疆域变迁、区域经济发展、民族关系三方面入手,从战争、人口迁移、改革中看到不同时期民族交融不断深入,从各民族在地域、经济、文化、习俗、政治等领域的交往、交流、创新中,看到统一多民族国家的发展趋势。对于时空的演变,在设计中运用大量地图,通过观察地图的变化,有效地培养学生的时空观念和意识。

2. 活动过程

(1)任务一:疆域的变迁——战争

教师活动:出示地图册、教材上东汉至隋唐时期的地图,将地图的顺序打乱,引导学生按历史朝代的先后排序;观察地图上各政权、少数民族疆域的变化,并结合教材,思考三国两晋南北朝时期疆域变化的原因。

学生活动:阅读教材子目,观察地图,将地图按政权更迭的正确顺序排列,动手画出三国两晋南北朝的结构框架,理清各个朝代、政权更迭的脉络;圈出各个政权、少数民族的疆域范围,联系上一课内容,了解到军阀混战导致东汉政权名存实亡,学习官渡之战、赤壁之战、夷陵之战,了解曹魏政权、三国鼎立局面形成的史实;了解少数民族内迁后西晋短暂统一后又进入较长时期的政权分立和对峙局面。

学生在动手绘制朝代结构框架时,容易犯两个错误:一是南朝与北朝的方位搞混,学生不分南北方位,空间意识不强,容易出错;二是北朝与南朝是一个整体概念,包含了好几个朝代,但学生错以为南北朝是单独的朝代。

设计意图：通过运用历史地图,引导学生观察地图。结合教材子目,学生自己动手画出这一时期的朝代框架,掌握三国两晋南北朝政权更迭、疆域变化的基本史实,把握教材每个子目之间的关系,认识到这一时期的历史架构,培养学生的时空观念。在三国与两晋政局动荡时期,突出战争、民族冲突对疆域变迁、民族布局、政权更迭的影响,通过对各政权、各少数民族地理范围的圈划,让学生更直观地认识到中国古代疆域范围的延续与发展。

教师活动：结合以下材料提问——东汉以来形成的豪强地主势力迅速发展与三国两晋南北朝的分裂格局有什么关系? 三国两晋南北朝时局的演变与这些势力的兴衰有着什么关系?

材料一：

汉武帝"独尊儒术",带来了官僚成分的重大变化。儒生或士人,在政府官员中的比例越来越大了……这种"教育—权势—财富"的循环占有,越来越多地围绕"族"而展开了。就是说呈现为一种"学门—官族—豪右"的循环。在这里,乡里、官场、士林都可能成为循环的起点,甚至仅仅靠官场和士林的互动,就能形成士族;"古老农村结构"中的乡里豪右身份,不是必要条件。东汉士族,大多同时具有学门、官族和豪右的特征,可以视为三者的三位一体;至于魏晋以下的新出门户,大抵就是名士与官僚的综合,其来源和形成与豪右的关系并不很大。

——阎步克：《波峰与波谷》

材料二：

(司马睿)及徙镇建康,吴人不附,居月余,士庶莫有至者。

——〔唐〕房玄龄等：《晋书·王导传》

材料三：

(元)帝初镇江东,威名未著,敦与从弟导等同心翼戴,以隆中兴,时人为之语曰："王与马,共天下。"

——〔唐〕房玄龄等：《晋书·王敦传》

表1　南朝开国者身份信息

朝　代	开国者	身　份
宋	刘裕	出身寒门,曾以贩履,北府兵将领
齐	萧道成	中领军
梁	萧衍	雍州刺史
陈	陈霸先	早年以捕鱼为业,后军功起家

——整理自赵毅、赵轶峰主编：《中国古代史·上册》

材料四：

北方异族政权具有政治北朝异族政权具有政治复兴的更大动量,在经历了政治低谷之后,帝国以北朝为"出口"而走向隋唐盛世。

——阎步克：《波峰与波谷》

学生活动：分小组讨论分析，从三国两晋南北朝政权建设中感知政权间的均势，理解中华民族多元一体的发展趋势；从曹操、刘备、孙权的身份，认识到东汉以来的豪强地主构成了三国两晋时期地方割据、分裂的基础，通过"王与马，共天下"到南朝统治者身份的学习，认识到东晋政权的建立标志着士族门阀势力达到顶峰；从南朝的政权更迭中，了解庶族寒门的崛起影响着时局，认识到分裂中孕育着统一。

设计意图：通过小组分析，让学生认识到东汉豪强地主势力的不断发展，影响着地方割据政权的建立，地方势力不断崛起发展，各个地方势力、民族之间实力均衡，政权、民族内部尚未充分融合，统治基础薄弱，所以形成此消彼长的割据局面；从三国两晋南北朝政权更迭中，认识到从士族门阀专权到庶族寒门的崛起的变化，感知阶级的固化状态逐渐被打破，促进了君主权力的强化，培养学生从问题链中理解三国两晋南北朝分裂状态，感知政权更迭，培养学生基于时空观念思考问题，形成敏锐的历史逻辑分析能力。

(2) 任务二：区域经济的发展——人口迁移

教师活动：出示《西晋末年内迁少数民族分布与北方流民南迁示意图》《东晋十六国形势图》《鲜卑拓跋部迁徙路线示意图》，引导学生观察地图图例及各政权疆域等信息，思考该地图反映了什么现象。

学生活动：仔细观察上述地图的图例，从中看到北方少数民族的迁徙路线，同时观察十六国的疆域分布，在教师的引导下，能意识到在长期的混战中，人口逐步迁移。

设计意图：利用人口迁徙示意图等史料，引导学生认识到北方少数民族不断内迁，在西晋时期与北部汉人处于杂居状态，十六国时期大多少数民族政权位于曾经汉人居住的黄河、淮水流域甚至长江中上游，北方少数民族的内迁促使北方汉人的南迁；了解北方少数民族内迁及南迁汉人的路线及目的地，从时空视角认识到三国两晋南北朝时期政局的动荡，人口迁徙促进民族之间的交融。

教师活动：出示《七哀诗》《三国志·蜀志》《史记》《宋书》《齐民要术》《洛阳伽蓝记》《颜氏家训》等文献史料，结合《职贡图》(宋摹本局部，南朝与国外的交往)等文物，引导学生分析材料，从多个视角分析南北方经济出现的变化及其原因。

北方经济：

材料五：

西京乱无象，豺虎方遘患。复弃中国去，远身适荆蛮。亲戚对我悲，朋友相追攀。出门无所见，白骨蔽平原。路有饥妇人，抱子弃草间。顾闻号泣声，挥涕独不还。"未知身死处，何能两相完？"驱马弃之去，不忍听此言。

　　　　　　　　　　　　　　——〔南朝梁〕萧统编、李善注：《文选》卷二十三《七哀诗》

材料六：

北方人口大量增加。最多时达到 500 余万户……490 年，关中大旱，农业歉收，高闾上表却说："一岁不收，未为大损"，北魏后期，"于时国家殷富，库藏盈溢，钱绢露积于廊者，不可较数"。

　　　　　　　　　　　　　　　　　　——赵毅、赵轶峰主编：《中国古代史·上册》

材料七：

《齐民要术》目录

卷一：耕田、收种、种谷等。

卷二：谷类、豆、麦、麻、稻、瓜、瓠、芋等。

卷三：种葵(蔬菜)、蔓菁等。

卷四：园篱、栽树(园艺)，枣、桃、李等果树栽培等。

卷五：栽桑养蚕，榆、白杨、竹以及染料作物、伐木等。

卷六：畜、禽及养鱼等。

卷七：货殖、涂瓮各等(酿造)、酿酒等。

卷八、九：酿造酱、醋，乳酪、储存，煮胶、制墨等。

卷十：非中国(指北魏以外)物产者，热带、亚热带植物 100 余种，野生可食植物 60 余种。

材料八：

河北妇人，织纴组纫之事，黹黻锦绣罗绮之工，大优于江东也。

——〔北齐〕颜之推注，王利器集解：《颜氏家训集解》

材料九：

舟车所通，足迹所履，莫不商贩焉。

——〔南朝宋〕杨衒之著，周祖谟校释：《洛阳伽蓝记校释》

南方经济：

材料十：

楚越之地，地广人希，饭稻羹鱼，或火耕而水耨……江淮以南，无冻饿之人，亦无千金之家。

——〔汉〕司马迁：《史记·货殖列传》

材料十一：

随着北方人口的南迁，中原地区许多农作物也相继在江南大量种植，东晋南朝政权都曾多次推广种麦。谢灵运的始宁墅里种植的农作物品种，有米(稻)、菽、麦、胡麦、胡麻、大豆、小豆、香粳、粟等，其中有的作物在此前仅限于北方种植。由于耕作技术的改进，农作物的单位面积产量也有了很大提高。

——赵毅、赵轶峰主编：《中国古代史·上册》

学生活动：通过阅读分析文献，结合图片、文物、教材"学思之窗"栏目等史料，了解从三国两晋到南北朝区域经济的不断发展，从农业、手工业、商业等成就认识到人口迁移、民族交流与南北区域经济发展之间的关系。

设计意图：突出人口迁移与民族交流、交往的关系，认识到人口迁徙对南北区域经济的开发起到了极大的推动作用。在这一环节的学习中，运用地图、文献、出土文物等多种史料，增强学生二重证据法的意识；让学生从社会经济视角理解人口迁移对民族交流、交融的作用及其对"大一统"重塑的影响。

(3) 任务三：民族关系——紧张与交融并进

教师活动：出示《晋书》，教材中《西晋颁给内迁少数民族酋长的"晋归义羌侯"印文》《十六国统治者族属表》，引导学生从印文与十六国政权建立的国号名称中分析胡汉关系发生了什么变化，变化的原因是什么，这些少数民族政权为什么积极主动学习汉族；引导学生阅读教材内容，归纳整理出孝文帝改革的内容；结合教材"史料阅读"部分,分小组思考西晋到北朝的少数民族政权建立过程中纷纷采用汉族典章制度的目的。

材料十二:

非我族类,其心必异,戎狄志态,不与华同……戎晋不杂,并得其所。

——〔唐〕房玄龄等:《晋书·江统传》

学生活动:从文献、印文与十六国政权建立的国号名称中,结合教材思考得出胡汉传统观念发生着变化,少数民族政权积极主动与汉族政权接触,并且学习汉族的典章制度;归纳出孝文帝迁都、改籍贯、穿汉服、改汉姓、说汉语、胡汉通婚等汉化措施,从史料中理解孝文帝改革的目的。

设计意图:通过文献、印文、十六国政权建立的国号名称、孝文帝改革,让学生认识到在民族冲突中传统民族观念的变化和统治者政策的变动,少数民族政权意识到自身的不足,积极主动学习汉族的典章制度、文化、习俗等;认识到民族关系紧张与交融的并存发展。

教师活动:阅读教材"史料阅读"、问题探究部分《资治通鉴》卷140对北魏孝文帝改姓氏的评述,出示《洛阳伽蓝记》《魏书》,结合北齐《校书图》、《魏晋墓画像砖表现的生活场景》等史料,引导学生思考孝文帝改革的历史意义。

材料十三:

自晋宋以来,号洛阳为荒土……长江以北尽是夷狄。昨至洛阳,始知衣冠士族并在中原,礼仪富盛,人物殷阜……庆之因此羽仪服式悉如魏法,江表士庶竞相模楷。

——〔南朝宋〕杨衒之著,周祖谟校释:《洛阳伽蓝记校释》

材料十四:

(孝文帝诏)曰:卿便至彼(南朝),勿存彼我。……不早当晚,会是朕物。

——〔北齐〕魏收:《魏书》卷四七

学生活动:分析以上材料,从政治制度、文化、生活习俗认识到孝文帝改革顺应民族交往交流交融的历史趋势,缓和了民族矛盾,为"大一统"的再次形成奠定了基础。

设计意图:北魏孝文帝改革只是这一时期众多少数民族政权解决民族问题的典型代表,引导学生从制度建构、文化、生活习俗视角认识到民族交融的相互性,理解中国古代"大一统"秩序的重塑。

教师活动:引导学生思考除了西晋短暂的统一外,其他时期疆域的此消彼长说明了什么;三国两晋南北朝疆域的变化反映了中国历史发展的什么趋势;结合所学,回答哪些因素促成了"大一统"多民族发展的趋势。

学生活动:小组讨论分析,从以上所学中,了解到疆域的变迁、区域经济的发展、民族关系的缓和都在推动"大一统"的完成。

设计意图:本环节旨在拓宽学生的视野,拓展思维。这一时期受多方因素影响,军人(战争)、普通百姓(迁移)、统治阶级(改革),无论是豪强地主还是低级士族的武将,意识形态、思想观念、生活习俗等都在一定程度上互相影响,促进了思想、文化、习俗等的变化。通过本课的学习,学生了解了从分裂到统一的发展过程,认识中华民族多元一体、"大一统"多民族国家的发展趋势,培养学生的唯物史观。

学生活动：在教师讲授的基础上，分小组完成对少数民族的探究。可以从少数民族的文字、姓氏、习俗、文化等视角进行调查汇报展示，深化对我国统一多民族发展脉络的理解，增强对中华优秀传统文化的自豪感、认同感。

设计意图：通过小组分工查资料、整理主题内容、讲解等，学生从少数民族的发展历程中，认识到民族之间的交融促进了中华文化的丰富多彩，促进学生的文化认同感、自豪感。

（二）案例二："从隋唐盛世到五代十国""隋唐制度的变化与创新"的学习活动设计

1. 研究背景

（1）聚焦历史大概念，凝练教学主题

第6课"从隋唐盛世到五代十国"、第7课"隋唐制度的变化与创新"所涉及的内容时间跨度三百余年，史事众多，有必要梳理线索脉络，提取该阶段的特征与核心主题。

《课程标准》对本单元的要求是："通过了解三国两晋南北朝政权更迭的历史脉络，隋唐时期封建社会的高度繁荣，认识三国两晋南北朝至隋唐时期的制度变化与创新、民族交融、区域开发和思想文化领域的新成就。"[①]而根据本课"学习聚焦"栏目所述，"隋朝盛极一时，虽短命而亡，但影响深远"，"唐前期出现盛世局面，统一多民族封建国家得到进一步巩固和发展"，"安史之乱导致唐朝由盛转衰。黄巢起义后，唐朝灭亡，五代十国分裂局面出现"。其中，"社会繁荣""盛世局面"等词多次被用于形容隋唐两朝。

"盛世"包含对某一时期社会的褒扬，能够极大地唤起民族自豪感和自信心。本活动以"盛世"这一核心概念为切入点，使学生通过自主探究，了解隋唐封建社会的高度繁荣，认识隋唐时期的制度变化与创新、民族交融、区域开发等领域的成就促成盛世的产生，从而达到涵育家国情怀核心素养的目标。选用这一主题，符合《课程标准》对于"家国情怀"核心素养的教学要求，能够让学生产生对国家的高度认同感、归属感、责任感和使命感。

（2）整合课内外资源，明确学习任务

基于以上分析与认识，为了从"盛世"这一概念理解和认识隋唐统一多民族国家的特征和盛衰，围绕教学主题可以设计三大核心学习任务：认识盛世隋唐的具体表现，探究隋唐盛世出现的原因，探究隋唐盛世走向衰亡的原因。

① 学习任务一：认识盛世隋唐的具体表现

"盛世"一词最早见于东汉时期，但在学理上并未作严格的定义。现代历史学概念中所指的盛世，是对中国古代某些历史时期社会特征的概括，往往含有多层意蕴：从社会的层次，强调经济的发展和人民生活的稳定；从政治的层次，强调统治者治理国家的制度；从民族的层次，强调民族团结、民族交融。[②] 隋朝重新实现统一，结束了长期分裂和社会动荡的局面。隋唐王朝经济繁荣、民族交融、对外交往活跃，文治武功的成就达到了中国历史上的新高峰。探究隋唐盛世的具体表现，有助于深入了解隋唐政治、社会、经济等领域的新成就。

① 中华人民共和国教育部：《义务教育语文课程标准》，北京师范大学出版社，2012年，第13页。
② 邱俊、廖孝莲：《历史教学"核心概念"的深度加工——以〈从隋唐盛世到五代十国〉为例》，《中学历史教学》，2022年第5期。

② 学习任务二：探究隋唐盛世出现的原因

隋唐时期独特的政治制度、经济发展和民族关系与盛世局面的出现息息相关。教材第 6 课第一子目从经济、社会治理的角度指出了隋唐盛世产生的原因,第二子目"唐朝的繁荣与民族交融"选择突厥、吐蕃和回纥为重点叙述对象,点出了民族交融正是唐朝繁荣的重要因素之一;第 7 课则是以选官制度、中枢政务机构、赋税制度为例,说明因时而变的制度创新和国家治理体系建设对隋唐社会产生的影响。这些内容为探究隋唐盛世出现的原因提供了丰富的课程资源。活动设计有效利用了这些资源,设置探究性问题,让学生充分发掘制度、经济变化与社会盛衰之间的关联。

同时,笔者还补充了《旧唐书》等史料,进一步呈现唐朝在对待少数民族时的具体政策措施,认识隋唐盛世的产生既要从宏观大历史层面整体把握,也要从具体的民族政策、社会生活等方面作了解并剖析。

③ 学习任务三：探究隋唐盛世走向衰亡的原因

关于盛世转衰,教材指出,"安史之乱导致唐朝由盛转衰"。同时,这一子目选取了欧阳修《新唐书·兵志》对于藩镇割据的论述,分析了唐朝边疆形势和军事战略调整,逐渐改变了兵制和防御体系,造成"外重内轻"局面,从兵制变化和地方制度的角度为衰亡原因提供了线索。此外,第 7 课"拓展与探究"栏目对于两税法弊端的分析,也为此问题提供了经济角度的线索。

活动设计在选取这些资源的同时,还增补了吕思勉关于安史之乱、唐朝转衰的学术观点。这一观点认为,安史之乱的主因是长期的民族边疆政治的演变,随着中央政府治理能力的下降,边境民族问题愈发严重,成为唐王朝由盛转衰的导火线。

在这一环节中,继续从经济、政治和民族关系的视角探究衰亡原因,抓住盛世局面之下唐朝由盛转衰的暗线,帮助学生理解和体会历史是在渐变中转为剧变的。

2. 活动过程

(1) 课前准备

教师活动：提出探究问题——什么是"盛世"? 盛世为何产生? 又为何衰亡? 事先制作关于各视角史料及具体状况的表格,让学生进行填写。

学生活动：认真阅读教材内容及相关材料,从中获取有关隋唐盛世的知识。学生分为三个小组,分别为政治组、经济组和民族关系组。各小组首先梳理本组所选分析视角的具体状况,之后选出一名代表,向其他小组介绍本组认为的盛世表现,以及其产生与衰落原因。

(2) 课堂探究

① 学习任务一：认识盛世隋唐的具体表现

教师活动：出示隋唐五代疆域图,引导学生根据教材和地图梳理隋唐至五代十国政权更迭时间轴。

学生活动：阅读地图,根据课文内容,画出隋唐至五代十国政权更迭的时间轴,了解隋唐盛世的空间特征。

教师活动：呈现隋唐盛世表现的相关史料,让每个小组代表就本小组探究成果进行分享交流。

学生活动：结合课文及史料,利用表格梳理隋唐盛世在各个方面的具体表现,小组选出代表进行交流。

表2　隋唐盛世的具体表现

视　角	史　料	表　现
政治	材料一：法度之行,礼乐之盛,田畴之制,详序之教,拟之先王未备也;躬亲行阵之间,战必胜,攻必取,天下莫不以为武,而非先王之所尚也;四夷万古所不及以政者,莫不服从,天下莫不以为盛,而非先王之所务也。 ——〔唐〕曾巩:《曾巩集》卷九,启功等主编:《唐宋八大家全集》	
经济	材料一：隋氏西京太仓,东京含嘉仓、洛口仓,华州永丰仓,陕州太原仓,储米粟多者千万石,少者不减数百万石。天下义仓又皆充满。京都及并州库布帛各数千万,而锡赉勋庸,并出丰厚,亦魏晋以降之未有。 ——〔唐〕杜佑:《通典·食货七》 材料二：　　　忆昔(节选) 　　　　　　杜　甫 忆昔开元全盛日,小邑犹藏万家室。 稻米流脂粟米白,公私仓廪俱丰实。 九州道路无豺虎,远行不劳吉日出。 齐纨鲁缟车班班,男耕女桑不相失。 材料三：唐三彩盘图	
民族关系	材料一：东西民族之动息,亦各有其时,月氏、匈奴,皆自东徂西也;铁勒、突厥、回纥、沙陀、黠戛斯,则自西徂东者也。东西民族动息之交替,实在唐世。 ——吕思勉:《吕思勉讲中国史》 材料二：胡客或过酒食店,悉令邀延就坐,醉饱而散,不取其直,给之曰:"中国丰饶,酒食例不取直。"胡客皆惊叹。 ——〔宋〕司马光:《资治通鉴》 材料三：唐蕃会盟碑图 材料四：职贡图	

设计意图：通过梳理、分析相关史料,认识隋唐盛世在经济、社会、民族关系等领域的具体表现。经过魏晋南北朝的分裂时代,隋朝重新实现统一,结束了长期分裂和社会动荡的局面。隋唐经济繁荣、民族交融、对外交往活跃,文治武功成就达到了中国历史上的新高峰。

② 学习任务二：探究隋唐盛世出现的原因

教师活动：出示政治制度方面相关史料,引导学生梳理隋唐制度的发展及其影响,探究隋唐盛世产生的政治与制度原因。

学生活动：通过梳理课文,了解科举制的产生、三省六部制的发展及具体运作过程、两税法的主要内容及其影响。阅读课文内容及史料,从政治制度角度探究隋唐盛世产生的原因。

材料一：

贞观二年,太宗谓侍臣曰:"凡事皆须务本。国以人为本,人以衣食为本。凡营衣食,以不失时为本。夫不失时者,唯在人君简静乃可致耳。若兵戈屡动,土木不息,而欲不夺农时,其可得乎?"

——〔唐〕吴兢撰,裴汝诚等译注:《贞观政要译注》

材料二:

进士科始于隋大业中,盛于贞观、永徽之际。缙绅虽位极人臣,不由进士者,终不为美……其推重谓之"白衣公卿",又曰"一品白衫";其艰难谓之"三十老明经,五十少进士"……其有老死于文场者,亦无所恨。故有诗云:"太宗皇帝真长策,赚得英雄尽白头!"

——〔五代〕王定保撰,姜汉椿校注:《唐摭言校注》

材料三:

六尚书……凡庶务,皆会而决之。门下省……掌出纳帝命,缉熙皇极,总典吏职,赞相礼仪,以和万邦,以弼庶务,所谓佐天子而统大政者也……中书省……掌军国之政令……凡诏旨敕制,及玺书册命,皆按典故起草进画;既下,则署而行之。

——〔后晋〕刘昫等撰,陈焕良、文华点校:《旧唐书》

设计意图:通过梳理隋唐时期选官制度、三省六部制、赋税制度的变迁,使学生认识隋唐时期的制度建设和发展从国家人事、权力、财政三个方面为盛世局面的出现提供了制度保障;认识我国在隋唐时期就有了相当高的政治文明、完备的国家运行机制,增强民族自豪感和自信心。

教师活动:出示经济方面相关史料,引导学生分析隋唐区域经济发展趋势,探究经济发展对隋唐盛世形成的影响。

学生活动:根据课文内容及相关史料,分析隋唐区域经济发展趋势,分析经济发展对隋唐盛世形成的影响。

材料四:

至是,炎建议作两税法:先计州县每岁所应费用及上供之数而赋于人,量出以制入。户无主、客,以见居为簿;人无丁、中,以贫富为差;为行商者,在所州县税三十之一,使与居者均,无侥利。居人之税,秋、夏两征之。其租、庸、调杂徭悉省。

——〔宋〕司马光:《资治通鉴》卷二二六

材料五:敦煌莫高窟壁画唐朝牛耕图中的曲辕犁图

设计意图:通过探究史料,了解隋唐时期江南地区生产力的发展,认识经济的繁荣是盛世出现的物质基础。

教师活动:出示唐朝前期疆域和边疆各族分布图、《职贡图》等史料,引导学生梳理唐朝处理民族问题的主要方式,概括唐朝处理民族关系的特点,分析民族关系对唐朝盛世形成的影响。

学生活动:阅读史料,结合课文内容,梳理唐朝处理民族问题的政策和特点,探究民族关系对隋唐盛世产生的影响。

材料六:

是时四方儒士,多抱负典籍,云会京师。俄而高丽及百济、新罗、高昌、吐蕃等诸国酋长,亦遣子弟请入于国学之内……儒学之盛,古昔未之有也。

——〔后晋〕刘昫等撰,陈焕良、文华点校:《旧唐书》

设计意图:理解唐朝处理民族问题的多元方式、开放包容的民族政策有利于隋唐盛世的出现;

认识中华民族多元一体的历史发展趋势。

③ 学习任务三：探究隋唐盛世走向衰亡的原因

教师活动：出示唐后期疆域图等史料，引导学生分析安史之乱爆发对唐朝后期统治的影响，引出盛世的衰亡。

学生活动：阅读地图，结合课文内容，了解唐朝后期走向衰亡的史实。

设计意图：引导学生认识到随着中央政府治理能力的下降，没有完全解决的边境民族问题成为唐王朝由盛转衰的导火线。

教师活动：出示相关史料，引导学生从政治、经济、民族关系等角度探究隋唐盛世后期走向衰亡的原因。

学生活动：阅读史料，结合课文内容，从政治、经济和民族关系角度探究隋唐盛世衰亡的原因。

材料一：

盖姑息起于兵骄，兵骄由于方镇，姑息愈甚，而兵将愈俱骄。由是号令自出，以相侵击，虏其将帅，并其土地，天子熟视不知所为，反为和解之，莫肯听命……故兵之始重于外也，土地、民赋非天子有；既其盛也，号令、征伐非其有；又其甚也，至无尺土，而不能庇其妻子宗族，遂以亡灭。

——〔宋〕欧阳修、宋祁：《新唐书》

材料二：

国家定两税，本意在忧人。厥初防其淫，明敕内外臣。税外加一物，皆以枉法论。奈何岁月久，贪吏得因循。浚我以求宠，敛索无冬春。织绢未成匹，缲丝未盈斤。里胥迫我纳，不许暂逡巡……昨日输残税，因窥官库门。缯帛如山积，丝絮似云屯。号为羡余物，随月献至尊。夺我身上暖，买尔眼前恩。进入琼林库，岁久化为尘。

——〔唐〕白居易：《白居易集》

材料三：

唐朝对待被征服的异族，亦和汉朝不同。汉朝多使之入居塞内，唐朝则仍留之于塞外，而设立都护府或都督府去管理他。所以唐朝所征服的异族虽多，未曾引起像五胡乱华一般的杂居内地的异族之患。然环伺塞外的异族既多，当其种类昌炽，而中国政治力量减退时，就不免又被其侵入的危险了。

——吕思勉：《中国通史》

设计意图：通过总结隋唐盛世走向衰亡的原因，引导学生认识唐朝后期的社会、政治、经济发展状况。

④ 学习任务四：总结隋唐盛世的发展历程及其特征

教师活动：再次提出问题——什么是"盛世"？盛世为何产生，又为何衰亡？引导各学习小组进行总结归纳。

学生活动：各小组分别从政治、经济、民族关系等视角总结隋唐盛世的具体表现、产生原因与衰亡原因。

教师活动：在学生完成学习活动后，启发学生总结隋唐盛世对当今现实的借鉴意义。

学生活动：通过小组讨论、分享感悟，进一步提炼、总结规律。

教师活动：总结各小组活动完成情况，根据表现水平划分，对学生活动进行评价。

设计意图：以史为镜，可知兴替。尽管隋唐盛世离现在的时间较为久远，但对今天仍有若干重要的启示，汲取统治者治国理政的有益经验教训，具有很强的现实意义。以民为本、民族团结、制度建设等对今天仍然具有重要的借鉴价值。

（三）案例三：三国至隋唐的文化

1. 研究背景

《课程标准》关于本单元的内容要求表述为：通过了解三国两晋南北朝政权更迭的历史脉络，隋唐时期封建社会的高度繁荣，认识三国两晋南北朝至隋唐时期的制度变化与创新、民族交融、区域开发和思想文化领域的新成就。[①] 对应本课以"三国至隋唐的文化"为主题的内容，课标反映出要在三国至隋唐的大历史趋下，认识这一时期思想文化领域的新成就。基于此，本课在设计学习活动时主要着眼于能够凸显思想文化领域新成就的表现，学生通过自主收集、甄别、搜索、浏览、精选史料的学习过程，多角度认识这些新成就产生的原因及其特点，并分析对历史产生的影响。例如，儒学、道教与佛教的发展历程，文学艺术、科学技术等领域的新成就；借助不同类型史料的搜集辨析，辩证认识三国两晋南北朝至隋唐时期思想文化领域新成就产生的原因和特点；以个人探究、小组合作、班级研讨等方式，真正体会中华优秀传统文化的价值，感悟中华民族最深沉的精神追求，逐渐形成传承中华文化基因的使命感和责任感，进而形成文化自信。

2. 活动过程

（1）项目拆解

根据本课的活动主题，将本课分为课前调研、课中分析讨论、课后评价反馈三个活动环节。

（2）课前调研

在活动实施前将本课的主要探究内容分为两个子题，据此来搜集资料，绘制相关内容。第一，学生课前搜集材料，思考三国至隋唐文化发展的表现，做好课堂交流分享的准备；第二，学生根据课义内容绘制一张二国至隋唐的文化地图，并从所绘制的文化地图中分别选一位诗人、书法家、画家来展示其个人成就或作品特点，并说明选取的理由。

（3）活动实施

① 任务一：引出问题，收集材料

一个民族的文化，始终闪现着该民族灵魂的搏动，以巨大的向心力吸引着该民族的各类成员，因而，文化认同构成民族文化的核心。这种体现出民族精神的文化，又绝非凝固的化石、僵硬的模式，而是常与变、因与革、内与外相统一的有生命的机体。[②]

教师导入主题：什么是文化？

我们对文化有一个相对的看法，就是人类社会不论大小、历史长短或有没有文字，它们都有

---

① 中华人民共和国教育部：《普通高中历史课程标准（2017 年版 2020 年修订）》，北京：人民教育出版社，2020 年，第 5 页。
② 冯天瑜、何晓明、周积明：《中华文化史》，上海：上海人民出版社，1990 年，第 4 页。

文化。文化是帮助人类生存及适应环境的工具。一个文化里面,包括经济、宗教、亲属组织、自愿团体、语言、艺术及政治体系等,所有东西都是相互联结的,构成一个整合的整体。文化是指人类通过学习而得来的生活与行为方式,每一个群体、族群都拥有自己的文化,文化帮助群体适应及生存于其所处的自然生态及社会环境里。文化从广义上来说是指人类的生存方式以及建立在此基础上的价值体系,是人类在社会历史发展过程中所创造的物质财富和精神财富的总和。

在探究活动中,教师可从以下几个方面提出问题:中华文化在三国至隋唐时期得到怎样的发展? 文化在不同历史时期是如何传承与发展的? 中华文化的重要特征有哪些? 从历史源流的视角对此阶段的中华文化的发展作出解释与评价。

文本解读,探讨三国至隋唐的思想流变。以教材中"白马寺"的图片切入,引导学生探究如下问题:"白马寺"的由来是怎样的? 在隋唐时期,儒释道又有了新发展,三者出现了怎么样的交流,地位出现了什么变化?

② 任务二:学生展示课前研讨活动

材料一:

汉、魏之际,天下大乱,乘时趋势者,不以道义为重。旷达之士,目击衰乱,不甘隐避,则托为放逸,而何晏、王弼等,遂开清谈之风。晋室之兴,世乱未已,向秀之徒,益尚玄风。名士达官,翕然倾响,不治世务,祖尚浮虚,古故论者谓五胡之乱,由于清谈焉。

——柳诒徵:《中国文化史》

材料二:

据不完全的统计,《全唐诗》中所收录的唐代士大夫游览佛寺、研读佛典、交接僧人的诗大约有2 700首,唐代僧人的诗大约有2 500首,一共5 200多首,占了《全唐诗》的十分之一以上。

——张国刚:《佛学与隋唐社会》

学生结合材料,运用"联系与区别"的概念和范畴,思考分析三国至隋唐时期,儒释道发展呈现出怎样的趋势。尝试小组交流讨论后归纳出三国至隋唐的思想宗教发展变化。

师生共同梳理探讨并形成以下认识:佛教在两汉之际已传入中国,魏晋玄学主张"贵儒"和"尊道",道教因势逐渐成为统治阶级的工具。隋朝时期,儒学家提出儒、佛、道"三教合归儒",主张以儒学为主,调和并吸收佛教、道教的理论。实际上儒、道、佛在这阶段因社会的变化及统治者的政治需要,呈现消长之势。唐朝统治者奉行三教并行政策,道教最受尊崇;武则天时,佛教在社会上也有很大发展,为适应环境形成不同宗派,吸收中国本土文化,推动了佛教中国化,其中禅宗因易于传播,对后世影响最大。在以上材料中,我们听到反佛声音的同时也窥见佛教的盛行;了解到佛教的盛行导致大量劳动力不从事生产,寺院经济的膨胀严重影响了政府的财政收入,佛教和道教的一些教义违背儒家的伦理纲常,儒学的正统地位受到挑战。唐中期儒学大师韩愈率先提出复兴儒学,其实质是从维护封建统治出发,用儒家的天命论和封建纲常来反对佛教的观点,巩固儒学主流思想的统治地位。

结合史事材料和学习任务,学生自主概括三国至隋唐的文化特征。

教师解读:魏晋南北朝时期政局分裂动荡,思想文化上表现为南北区域性差异。如南北民歌风格的迥异,外来佛教及其艺术存在南北差异。隋唐时期政权稳固,思想文化上表现为兼容开放。

魏晋时期传承两汉儒学发展成果,同时受到本土和外来思想的挑战,至隋唐时期儒学吸收借鉴佛道思想,儒学家提出"三教合归儒"的主张,促成多元化、多样性地域文化交融。

③ 任务三：展示文化地图,合作交流

第一步,引导学生分享和推荐各自的作品,并说明推荐的理由。教师适时引导学生关注各自涉猎的题材类型,品味其人文内涵或审美特性,如北朝的雄健、南朝的秀美。

第二步,结合学生绘制的文化地图,尝试归纳唐代诗人和艺术家的分布状况,进一步推测出现这些现象的原因。

讨论得出以下结论：唐代诗人和艺术家集中分布在以长安、洛阳为中心的黄河中游一带和江南地区。因为长安是国家的政治中心,加上科举制的推动,此外,魏晋以来经济中心逐渐南移,北方人口不断南迁,唐代生产工具和生产技术(如曲辕犁)的推广带动了江南地区的经济发展。

为了加深学生对此阶段文化繁荣在诸多领域取得新成就的认识,教师进一步示范开展以下活动。

观察教材上《龙门石窟宾阳中洞的佛像》图片,进一步思考古代为何会花费巨大人力、财力建造如此巨大的佛像,从中能欣赏到佛教石窟怎样的艺术特色。

讨论后可以得出以下结论：因为佛教在中国的广泛传播而修造石窟。石窟佛像在古代属于统治阶级的宣传艺术之一,彰显古代皇家能够进行规模化的艺术造像,体现王权背后的经济实力或全国动员的能力,彰显国家进入"太平盛世"阶段。游牧民族进行石窟佛像的建造体现了被"同化"的趋势,统治者希望全国百姓认可"入主中原"的标志物(北魏孝文帝改革),在造像艺术当中体现与其他民族融合的艺术结晶,也直接证明王朝对文化多元的包容态度。石窟佛像的艺术表现形式手法多样,也能够体现古代劳动人民的创新精神和智慧。

④ 任务四：探究问题,交流汇总

观察教材图片敦煌莫高窟壁画《胡旋舞》,结合材料与所学,通过"诗画互证"概括隋唐时期乐舞的特色。胡旋舞是来自西域游牧民族的一种舞蹈。学生观看关于胡旋舞的记载和图像资料,指出这种舞蹈受外来影响很大,风格多样,具有壮阔欢腾的特色,在唐朝十分流行,是民族交融的产物。

进一步观察教材雕版印刷的《金刚经》卷子图片,教师介绍雕版印刷术发明于唐朝并在唐中后期开始普遍使用。唐懿宗咸通九年(868)雕版印刷的一份《金刚经》,是由 6 个印张粘接起来的 16 米长的经卷。卷子前边有一幅题为《祇树给孤独园》的图画,内容是释迦牟尼佛在祇园精舍向长老须菩提说法的故事。卷末刻印有"咸通九年四月十五日王玠为二亲敬造普施"题字。经卷首尾完整,图文浑朴凝重,刻画精美,文字古拙遒劲,刀法纯熟,墨色均匀,印刷清晰,表明当时的印刷技术已臻成熟。

结合材料,引导学生从传播和技术视角去理解像《金刚经》这样的雕版印刷品,这反映隋唐时期文化的繁荣,读书识字的人增多,单靠抄书手写已难以满足社会的需要,在印章与石刻、拓片的技术基础上,雕版印刷术出现了。

出示教材上"唐朝对外主要交通路线示意图",引导学生阅读地图并思考：从中能获取哪些重要信息?

教师总结：中外文化交流空间范围广,与欧洲、中亚、西亚及南亚各国都通过陆路或海路发生联系;中外文化交流内容广泛,涉及物质文明、精神文明领域;佛教在中外文化交流中占有特殊地位;中外交流是双向交流,对中国和有关国家都产生了深远影响;中国是东西方文化交流的桥梁,唐代中国成为中外文化交流的中心等。

中外交流的畅通促使愈来愈多的遣唐使来华。2004 年,西安发现公元 734 年逝世于中国的遣唐使井真成的墓志。墓志写道:

公姓井,字真成,国号日本。才称天纵,故能衔命远邦,驰骋上国。蹈礼乐,袭衣冠,束带立朝,难与俦矣。岂图强学不倦,问道未终,遂遇移舟,隙逢奔驷,以开元廿二年正月□日,乃终于官弟(第),春秋卅六。皇上哀伤,追崇有典,诏赠尚衣奉御,葬令官给。

隋唐统一王朝,国力强盛,经济繁荣,对外交流频繁,在当时具有重要地位,对周边各国产生了强烈的吸引力,日本、新罗多次派遣使节和留学生来华。引导学生思考:从该碑刻上可以反映出日本派出遣唐使的哪些历史信息?

从中可以看出,作为日本遣唐使之一的井真成聪慧过人,可惜英年早逝,玄宗皇帝下诏追赠他为尚衣奉御,并让官府妥善安排好他的后事。这位遣唐使团成员受到的隆重礼遇,谱写了唐朝时期中日交往史上的一段佳话。

观察教材"唐招提寺"的图片,阅读唐招提寺图片下的注解:"唐招提寺是鉴真和他的弟子在日本奈良仿唐制建造的寺院,是建筑艺术的杰作,至今被日本视为国宝。"进一步思考唐招提寺为何至今仍被日本视为国宝。

日本奈良市的唐招提寺是由中国唐代高僧鉴真和尚亲自主持兴建的,是日本佛教律宗的总寺院。鉴真东渡主要是为了弘扬佛法,由于他坚持不懈的宗教活动,他和他的弟子们对日本的文学、医药、雕塑、绘画、建筑等方面都作出了杰出贡献。这是从他者的角度突出唐文化对东亚诸国产生的全方位影响。

⑤ 任务五:拓展思考

教师提出话题:有学者指出"大国"往往在文化上对邻国有强大的影响力,邻国对"大国"文化由衷向往,主动学习。根据研习所得,并援引唐代史实,论证以上说法。

引导学生从主要贡献的视角解释优秀文明成果并加以讨论,开阔视野,从创新和影响的视角认识和评价中华文化对世界的影响,增强民族自豪感和文化自信。

引导学生谈谈本课中最大的感悟是什么,青年学子该如何传承优秀的中华传统文化。各组分享所学知识,展示活动成果,师生共同完成对学习情况的评价。从历史认识的发展高度进行反思,塑造当下青年学子们的文化自觉。

教师总结:这一时期的文化上承秦汉,下启宋元,巩固了儒学主流思想的统治地位,开启了后世佛道扎根中华文化内核的序幕,产生了突破界限与束缚的多元文化格局,促进了农耕经济的发展与国家治理能力的提升,为亚洲和世界文明的发展作出了突出贡献。

三国至隋唐时期的文化呈现活跃和多元的局面,从三国两晋南北朝的分裂时期再度走向隋唐统一多民族封建国家的发展时期。这个过程是中华民族不断攀登文明高峰走向盛唐的过程,是中华文化不断内生、传承、创新及不断与世界其他文明互动的过程,也是中华文化不断被各民族认同及统一多民族国家的统一深度不断加强的过程。

三、活动反思

根据《普通高中历史课程标准(2017 年版 2022 年修订)》,本单元对应的内容标准为:通过了解三国两晋南北朝政权更迭的历史脉络,隋唐时期封建社会的高度繁荣,认识三国两晋南北朝至隋唐时期的制度变化与创新、民族交融、区域开发和思想文化领域的新成就。本单元希望通过能激发对国家富强、人民幸福的情感的多种类型的学习活动设计让学生体验当时人们所处的历史背景,引导学生从问题意识和证据意识出发,在新情境中对该历史时期进行探索,在文化传承方面形成历史使命感,理解历史进程中的变化与延续、继承与发展,体悟历史的人文追求。

案例一的活动设计旨在了解政权更迭、人口迁移、民族关系,认识到疆域的变化、区域经济的发展、民族关系的缓和,是基于汉族与少数民族在社会经济、民族、政权、文化等方面的交融之下发生的,以汉族文化为本加以融合少数民族文化所形成的统一多民族封建国家的发展,充分体现了文化的传承与创新,感悟中华传统文化的优秀。本活动涵盖的史料多,考验学生的阅读、分析史料的能力。对教材的重新整合,是为了突出三条线索:疆域变化——战争、区域经济的发展——人口迁移、民族关系——紧张与交融并进。但有些学生较难把握课程内容,有的学生一时之间难以适应学习活动中要求主动学习、讨论交流等方式。

案例二以"盛世"这一核心概念为切入点,使学生通过自主探究,了解隋唐封建社会的高度繁荣,认识隋唐时期的制度变化与创新、民族交融、区域开发等领域的成就对于盛世产生的作用,从而达到涵育家国情怀核心素养的目标。通过对学习活动设计的具体实施,主要从评价指标、家国情怀培育两方面作如下反思:在实际实施的过程中,教师应注意学生对大概念的理解程度,既要关注学生学习过程中的学习获得,也要注重学习结果的测量,关注知识的迁移和运用。因此,有必要针对本活动设计科学的表现性与终结性评价量表,并以此作为完善学习活动的调整依据。此外,在历史教学中,如何调整好历史知识与情感的关系,既能使学生认识历史知识的科学性,又不让家国情怀的培育空悬或者空缺,是教育者需要考虑的重要问题。只有协调好历史知识与历史情感的关系,做到"情从史出",才能够使家国情怀教育具有指导意义,形成有效的历史学科"家国情怀"核心素养。

案例三是关于中华文化史主题的学习活动,基于主题的特点,本节课重在核心素养关键能力的培养上,也就是文化传承的家国情怀素养的培养。一是要引导学生厘清各个历史时期重要的文化成就现象,并透过现象思考文化发展背后的内涵、特点及意义;二是通过将文化现象置于特定的时空框架下进行比较,理解文化是不断交流互鉴的,并非孤立演进的,突出每个阶段的文化趋势与特征;三是从历史源流的视角理解继承与发展的关系,在中华文化历经的选择与重构的过程中感悟文化传承中凸显守正与创新,文化发展中不断辐射与传播。从纵向和横向的视角理解中华文化的世界意义。因课程时间有限,本课活动聚焦于唐代文化的辐射力,期望通过学习活动激发学生继承与发展中华文化的情感使命,运用唯物史观阅读、分析和探究各种繁杂的文化现象,觉察中华民族的文化智慧与创造力,生成文化传承的自觉。本活动力求整合本单元前三课内容作为唐代文化繁荣背景的铺设,但教学效果无法完整呈现,留待后续完善改进。

依托学生活动　聚焦历史解释　推进课堂教学
——以《中外历史纲要(上)》第二单元为例

上海市第六十中学／邓婉婷　杨文洁　邵　申

课程改革的号角已经吹响。"双新"意味着新的课程理念、课程目标、课程结构和课程内容。在此背景下,如何构建高效的中学历史课堂就成为一线教师思考和实践探索的方向。

《普通高中历史课程标准(2017年版2020年修订)》的一大亮点就是凝炼了学科核心素养,明确了其在教学和学习活动中的引领性和统摄性作用。那如何实现核心素养的真正落地呢? 笔者认为,基于学生学习的主体性地位,学生活动是学科核心素养落地的依托。笔者聚焦五大核心素养之一的"历史解释",依托学生活动,展开课堂教学的相关实践和策略研究,提升高中历史课堂教学的成效。

一、历史学科核心素养与学生活动的内在关联

(一) 历史学科核心素养的统摄地位

1. 历史学科核心素养的内容

我国普通高中教育的任务是在义务教育的基础上进一步促进学生的全面发展,为学生之后接受高等教育或进入社会生活或职业发展等奠定基础。为此,各个学科都提出了本学科的核心素养,即关注学生在学科课程学习中收获正确的价值观、必备品格和关键能力,这是学科育人价值的集中体现。具体到历史学科,其核心素养包括唯物史观、时空观念、史料实证、历史解释、家国情怀五个方面。唯物史观是诸素养得以达成的理论保证,时空观念是历史学科的本质体现,史料实证是诸素养得以达成的必要途径,历史解释是对历史思维与表达能力的要求,家国情怀是价值追求的目标。历史学科要通过诸素养的培育,达到立德树人的要求。[①]

2. 历史学科核心素养之间的相互关系

历史学科的五大核心素养"五位一体",构建了一个完整的历史学科学习的过程。唯物史观是历史学科核心素养的灵魂,是揭示人类社会历史客观基础及发展规律的科学的历史观和方法论;时空观念是历史学科核心素养的基础,是在特定的时间、空间联系中对事物进行观察、分析的意识和思维方式;史料实证是指对获取的史料进行辨析,并运用可信的史料努力重构历史真实的态度

---

① 中华人民共和国教育部:《普通高中历史课程标准(2017年版2020年修订)》,北京:人民教育出版社,2020年,第4页。

和方法;历史解释是指以史料为依据,对历史事物进行理性分析和客观评价的态度、能力和方法,这是历史学科核心素养的综合体现,也是学生学科素养的综合体现;家国情怀是学习和探究历史应具有的人文追求,体现了对国家富强、人民幸福的情感,以及对国家的高度认同感、归属感、责任感和使命感。

3. 历史学科核心素养的统摄地位

历史学科的核心素养在高中历史学习中具有统摄地位。历史课程要将培养和提高学生的历史学科核心素养作为目标,使学生通过历史课程的学习逐步形成具有历史学科特征的正确价值观、必备品格与关键能力。基于此,我们可以看到,高中历史学习的目标不是单纯的知识性输出,而是最终要落实到对学生价值观的塑造和思维品格、思维能力的培养上。这就决定了课堂教学需要关注过程,设计适合的学习活动,充分激发和调动学生的主体性,只有这样才能将历史知识内化为价值认识和思维能力。

(二)学生活动在教学中的重要影响

1. 学生活动的理论基础——建构主义理论

建构主义是学习理论又一新的理论发展。该理论认为,"学习是建构内在的心理表征的过程,学习者并不是把知识从外界搬到记忆中,而是以已有的经验为基础,通过与外界的相互作用来建构新的理解"[①]。学习是学习者基于原有的知识经验生成、建构理解的过程。这一过程不是简单的搬运过程,而是与外界相互作用的过程。那如何推动学生在学习过程中,将自己原有的学习基础与外界进行交互呢?唯有用适合的学习活动来推动,使学生在活动中遇到新问题,解决新问题,在活动中和同学探讨、合作,在活动中追随或质疑教师的认知。可见,只有在学习活动中,学生才能真正地构建自己的认知,搭建起自己的知识架构,这样最终收获的不仅是知识本身,而且更重要的是处理和解决问题的核心能力。

2. 学生活动的重要性——激发兴趣,培养能力

激发、培养和发展学生的学习动机,不仅是推进教学、提高质量的手段,也是提升学生综合素养的重要方法。激发学生的学习动机并不是一句空话,需要创设学习情境、设定学习路径、展示学习愿景等。在有明确的期望下,学生的学习动机才能被激发和调动。教师在课堂上设计的学习活动,有明确的问题、活动形式和目标的呈现,才能让学生建构清晰的活动模型。在好奇心、求知欲或求胜心等的驱动下,学生才能投入学习过程,在活动中展示自己、锻炼自己和发展自己,获取知识和能力。

3. 学生活动的类型——多种类型,适配目标

学生活动的类型非常丰富,总体而言有以下三类。第一类:研讨交流,如课堂小组探究、历史

---

① 卢家楣主编:《学习心理与教学——理论和实践》(第三版),上海:上海教育出版社,2009年,第306页。

演讲会、阅读会、研讨会、辩论赛和历史知识竞答等。第二类：创作展示，如历史小论文、历史情景模拟、历史展览会、制作历史地图或手册等。第三类：社会实践，如历史社会调查、访谈，博物馆游览参观等。① 面对多样的学生活动类型，我们该如何选择呢？首要原则是必须和教学目标适配。一般来说，课堂教学 40 分钟，阅读探究、小组合作等都是比较高效的学习活动。但学习不限于课堂，各类校园活动、社会资源等都可以成为学生学习活动的场所。无论哪一个场所，学习活动的设计都是推动有效学习、生成认知的重要手段。

（三）紧扣教学核心问题，有机结合历史学科核心素养与学生活动

那么，我们如何将历史核心素养与学生活动有机结合起来呢？问题设计显得尤为重要。问题在历史教学中有着重要的作用，是师生互动的重要媒介。通过提出问题，可以激发学生的学习兴趣和提升课堂专注力，激发他们思考和探索历史事件及其背后的原因和影响的欲望。同时，提出问题也可以帮助学生理解历史事件的复杂性和多元性。② 那何种问题是设计活动的切入点呢？教学核心问题，即课的重难点。核心问题能统领课堂教学。依据核心问题，教师针对学习过程中将要产生或可能产生的认知困惑，按照一定的逻辑结构设计一组中心明确、层次分明，相对独立又相互关联，具有系统性的系列问题③，由此形成问题链，推动学生活动，从而落实历史学科核心素养的培育。

二、基于历史解释学科素养的学生活动设计实践

《普通高中历史课程标准(2017 年版 2020 年修订)》中明确指出：历史解释是五大学科核心素养之一。具体指以史料为依据，对历史事物进行理性分析和客观评判的态度、能力与方法。所有历史叙述在本质上都是对历史的解释，即便是对基本事实的陈述也包含了陈述者的主观认识。人们通过多种不同的方式描述和解释过去，通过对史料的搜集、整理和辨析，辩证、客观地理解历史事物，不仅要将其描述出来，还要揭示其表象背后的深层因果关系。我们通过对历史的解释，不断接近历史真实。

历史解释是对五大核心素养的融汇和贯通。在历史解释中要从唯物史观出发，基于时空观念和史料实证，指向对学生家国情怀的培养。在课堂教学活动中，指向历史解释，基于教学核心问题，设计问题链，推动学生活动，实现课堂教学的有序展开，这一进程可以贯穿整个课堂教学，有利于教学目标的达成。

首先，我们要明晰普通高中历史解释学科素养的水平，具体要求如下：

① 胡晓露：《历史学科核心素养视域下的活动课探究：以〈中外历史纲要（上）〉为例》，闽南师范大学 2022 年硕士学位论文。
② 胡涛：《基于历史解释素养的初高中历史教学衔接策略研究》，赣南师范大学 2023 年硕士学位论文。
③ 金丽君：《问题的要义——指向历史核心素养"问题引领"的教学策略》，《中学历史教学》2020 年第 1 期。

表1　普通高中"历史解释"学科素养的水平

水　平	素养4. 历史解释
水平1	能够辨别教科书和教学中的历史解释,能够发现这些历史解释与以往所知历史解释的异同,能够对所学内容中的历史结论加以分析
水平2	能够选择、组织和运用相关材料并使用相关历史术语,对个别或系列史事提出自己的解释;能够在历史叙述中将史实描述与历史解释结合起来;能够尝试从历史的角度解释现实问题
水平3	能够分辨不同的历史解释;尝试从来源、性质和目的等多方面,说明导致这些不同解释的原因并加以评析
水平4	在独立探究历史问题时,能够在尽可能占有史料的基础上,尝试验证以往的说法或提出新的解释

明确了历史解释核心素养的学科要求后,教师还要明确《中外历史纲要(上)》第二单元《三国两晋南北朝的民族交融与隋唐大一统的发展》的教学目标,确定教学的两大核心问题:(1)了解三国两晋南北朝政权更迭的历史脉络,隋唐时期封建社会的高度繁荣;(2)认识三国两晋南北朝至隋唐时期的制度变化与创新、民族交融、区域开发和思想文化领域的新成就。围绕这两大核心问题,教师设计问题链,进行了如下的学习活动设计。

(一)学习任务一:认识三国鼎立与西晋短暂统一

1. "东汉外戚宦官相争简表"

材料一:阅读下列表

表2　东汉外戚宦官相争简表

皇帝	继位年岁	皇帝年寿	临朝太后	外　戚	宦　官
和帝	10	27	窦太后	窦宪	郑众
殇帝	1	2	邓太后	邓骘	—
安帝	13	31			李闰　江京
顺帝	11	30			孙程
冲帝	2	3	梁太后	梁冀	
质帝	8	9			
桓帝	15	36			单超
灵帝	12	33	窦太后	窦武	曹节　王甫
后少帝	14	—	何太后	何进	张让　段珪

问题设计：表格中反映的东汉后期皇帝继位的主要特点及影响。

学生活动：学生自主归纳、分析这一时期皇帝继位的特点及影响。

预设答案：从表2可以看出，东汉后期皇帝即位时年龄都很小。结合所学知识可知，皇帝即位时年龄较小，在国家管理方面能力有限，东汉出现了宦官专权和外戚专权的现象。

教师活动：教师点评并引导，使学生通过历史学习情境，分析材料中蕴藏的历史信息，掌握整理、辨析表格信息的基础方法。

设计意图：从表格数据切入，从证据意识出发，接续教材上一单元的教学内容，聚焦三国鼎峙的历史背景，点明东汉后期深陷政治斗争泥潭，呈现出动荡的局面，开启分裂历史趋势下的三国两晋南北朝发展历程的学习。

2. 三国与西晋

教师活动：教师补充《三国鼎立形势》《西晋末年内迁少数民族分布与北方流民南迁示意图》，引导学生读图明史。

材料二：

西晋统一后又重开分封之议。司马氏鉴于曹魏"根本无所庇荫"，再次大封同姓诸侯王，并允许王国置军，镇守荆、扬、关中要地，取代异姓将领。其结果不但重蹈西汉封王致乱覆辙，而且酿成更大祸……

——摘编自沈重：《略论历代政区演变与中央集权》

材料三：

今司马氏骨肉相残，四海鼎沸，兴邦复业，此其时矣。

——〔唐〕房玄龄等：《晋书》

问题设计：根据材料并结合所学知识，概括西晋再行分封的原因和影响。

学生活动：学生结合历史上的分封制，凭借已学知识，分析西晋再行分封的原因与影响。预设学生的回答：原因在于巩固统治的需要，传统政治观念和宗法观念根深蒂固；其影响体现在西晋再行分封对巩固新生政权有过积极作用，但最终造成地方割据势力膨胀，威胁中央集权。

教师活动：梳理西晋的举措，提出其在客观上加深了前朝在国家治理上深层结构的矛盾，帮助学生增强历史思维。

设计意图：通过地图与史料的解读，帮助学生建立相应的历史地理的概念。同时，教师强调，魏蜀吴三国出于兼并的需要，都非常重视发展各自区域的经济政治，为后期西晋的统一奠定了相应的基础，魏蜀吴三国还都非常重视处理与少数民族的关系，进一步促进了民族大交融。

（二）学习任务二：探究东晋与南朝经济的开拓

1. 士族的地位

教师活动：简述公元316年，西晋亡于匈奴之手；317年，西晋宗室司马睿在建康重建晋朝，史称东晋的史实。

学生活动：阅读材料一、材料二，解读东晋政权与士族之间的关系。

材料一：

自魏晋以来，仕者多世家。逮南北分裂，凡三百年，而用人之法，多取之世族，如南之王、谢，北之崔、卢，虽朝代推移，鼎迁物改，犹印然以门地自负，上之人亦缘其门地而用之……

——〔元〕马端临：《文献通考》

表3　历代入仕群体中寒门子弟所占比例

朝代	曹魏	西晋	东晋	隋	唐	北宋
比例	26%	15%	4%	17.2%	24.5%	46.1%

——何怀宏：《选举社会及其终结》

材料二：

门阀政治，是指士族与皇权的共治，是一种在特定条件下出现的皇权政治的变态。

——田余庆：《东晋门阀政治》

问题设计：归纳东晋政权建立过程中与士族之间的关系。

教师活动：讲解后概括东晋士族掌握朝廷军政大权形成士族专权的门阀政治，适时引导学生聚焦这些举措制定时的时代环境，对照其所因应的时代诉求，侧重对教材重难点内容的深度学习。

学生活动：效仿教师的示范，概括特点——东晋注重调和、笼络南方士族，谋求缓和士族矛盾，对士族势力有较强的依赖。

教师活动：及时点评，提出学习建议。

设计意图：通过东晋偏安江南的政治环境的相关史料，以及魏晋时期士庶地主在政治上的比例信息，分析士族地主在三国两晋南北朝时期的社会地位，从而加深对魏晋时期政治特征的认知。

2. 南方的开发

教师活动：教师叙述西晋永嘉五年(311年)，刘曜、石勒破洛阳，历史上把这一时期北方人南渡称"永嘉南渡"。

材料三：

东晋政府对待侨流的政策：建立侨郡县，承认流民为侨民，给予侨民以持白籍、免除税役的权利。到梁代，附近已是"良畴美柘，畦畎相望，连宇高甍，阡陌如绣"，一派田美土肥之象了。

——摘编自万绳楠：《江东侨郡县的建立与经济的开发》

材料四：

大概从公元二百年到五百年之间，全球气候发生变化，与以往相比各处都变得更为寒冷，在中国北方地区寒冷气候出现得更早……由于气候改变的关系，草原上的民族慢慢地向南移动；核心地区的汉人，也许因为人口增加，也许因为南方土地肥沃，也慢慢向南移动。

——许倬云：《大国霸业的兴废》

问题设计：分析材料三、材料四，分析"田美土肥之象"出现的主要原因。

学生活动：提炼史料中的相关记载。北民大批流亡南下，带来了先进的生产工具和技术，充实了劳动力资源。这一时期江南已经得到了开发，人民富足，生活安适。

设计意图：教师聚焦"思维广场"，提供准确的信息，帮助学生建立对这一时期南方地区经济特征的准确认知。东晋南朝时期，江南土地得到大量开垦，农作物品种增加、产量提高，江南社会的生产生活有了长足的进步。同时，南方的民族交融也在进一步发展。

（三）学习任务三：理解十六国与北朝民族多民族交融

1. 十六国

教师活动：依据唯物史观，经济基础决定上层建筑，北魏为了巩固它在黄河流域的统治，顺应中原先进的生产力水平和汉族的先进文化，进行了封建化的改革。

学习活动：借助公元4—6世纪北方人口迁徙示意图与材料一，概述魏晋时期少数民族内迁的状况。

材料一：

（汉赵）刘渊继承了汉魏时代以来的官制，设置了三公、六卿，将所有部门的最高权力都集中于中央政府。后赵的石勒还恢复了"九品中正制"，任用了为数极多的汉人士族为官僚，借汉人之力制定了新政权的律令。（十六国时期）统治者自身所在的胡人民族集团，也开始了他们定居农耕转化进程。公元294年，慕容廆率其部族移居辽宁西部，"教以农桑法制，同于上国"。

——王柯：《从天下国家到民族国家》

材料二：

表4　十六国统治者族属表

匈奴			羯	鲜卑				
前赵	北凉	夏	后赵	前燕	后燕	南燕	南凉	西秦
氐		羌	賨(cóng)	汉				
前秦	后凉	后秦	成汉	前凉		北燕		西凉

问题设计：依据材料概括这一历史时期的自发移民中主要趋向有哪两种？产生了什么影响？

学生活动：依据材料及所学知识，将这一历史时期的人口迁徙问题置于具体的时空下考量，尝试概括自发移民的两种趋势：一是"北民大举南迁"，二是边疆的少数民族内迁中原地方。

设计意图：教师运用教材地图，结合材料，帮助学生认识十六国政权多由少数民族建立，其政权名称多与汉族政权名称相似，体现对华夏文明的向往和认同。

材料三：

自永嘉风暴到隋的统一，是游牧民族与农业民族互相冲突、采借文化的时期。调适的结果形成了文化的整合或涵化，最终的表现则为隋唐帝国光辉的汉胡混合文化的光临……在大部分时期内,农业民族是居于指导者的地位,五胡建国于中原后的行政组织、礼仪、法律等,多出自汉人的设计。

——摘编自傅乐成:《中国通史》

问题设计:这一时期的民族迁徙对中国历史有何积极作用?

教师活动:通过这一环节,示范对历史作用的表达要求,并引导学生了解人口迁移与流动是人类社会发展中重要的历史现象,认识中华文明强大的接纳力和融合力,理解民族关系发展对国家统一的历史价值,形成如下历史认知——三国两晋南北朝是北方各民族迁徙,融入农耕经济区域,北方汉族南下,与南方的生产生活产生双向互动的历史时期。

设计意图:通过史料解读,了解十六国的乱世,并深刻理解北方的民族交融与国家政权的汉化联系密切,少数民族内迁有利于中华大地上各民族之间的经济文化交流,促进少数民族的封建化进程,有利于民族交融,有利于社会发展。

2. 北朝

教师活动:简述4世纪末,鲜卑族拓跋部建立的北魏强大起来,于439年统一中国北方;6世纪前期,北魏发生动乱,分裂为东魏、西魏,之后又分别被北齐、北周取代。上述五个王朝合称北朝,后北周灭北齐,隋又取代北周,并于589年统一全国,结束了数百年的分裂割据局面。

学生活动:阅读材料,了解孝文帝改革的特点与影响。

材料四:

(孝文帝)曰:"今欲断诸北语,一从正音。年三十以上,习性已久,容不可卒革,三十以下,见在朝廷之人,语音不听仍旧。若有故为,当降爵黜官。各宜深戒。"

——〔北齐〕魏收:《魏书》卷二一上

材料五:

军事征服立身的北朝异族政权,在接连开启了封建化进程后,无疑比偏安的南方更具有政治复兴的动量,帝国以北朝为"出口"而走向隋唐盛世。

——阎步克:《波峰与波谷》

问题设计:根据材料并结合所学知识,概括北魏孝文帝改革的内容、特点和影响。

教师活动:结合材料,引导学生认识到民族交融与经济发展在国家统一过程中的重要作用,进一步加深对中国统一多民族国家特征的了解。

学生活动:研读史料,遵循论从史出的原则,概括改革的内容、特点和影响。内容——均田制,租调制,兴办官学,改姓,易服,禁胡语;特点——改革涉及政治制度及社会生活的各个方面,改革渗透着中国儒家思想伦理,改革以少数民族的封建化为目标,改革体现对前朝体制的借鉴。

设计意图:结合教材中"北齐、北周、陈对峙形势图",引导学生加强对南北朝对峙局面的认知。北魏孝文帝拓跋宏是一个有着雄才伟略的君主,在他的改革的推进下,北方经济迅速恢复,社会相对安定,并且加速了北方民族融合的趋势,为隋唐的大一统奠定了坚实的基础。

教师活动:点评学生解决问题的学习状态,进一步规范论从史出的要求,认识孝文帝的民族观念及其所追寻的政权理想,并引导学生讨论——我们该如何评价北魏孝文帝的改革呢?

材料六：

史臣曰：高祖……钦明稽古，协御天人，帝王制作，朝野轨度，斟酌用舍，焕乎其有文章，海内生民咸受耳目之赐。

——〔北齐〕魏收：《魏书·高祖纪》

材料七：

自孝文定鼎伊、洛，务欲以夏变夷，遂至矫枉过正，宗文鄙武，六镇兵卒，多摈抑之，有同奴隶，边任浸轻，裔夷内侮，魏之衰弱，实肇于此。

——〔元〕马端临：《文献通考》

问题设计：分别概括上述两则材料对北魏孝文帝及其改革的评价。

学生活动：自主对两则材料加以解读、探究。材料六高度赞扬北魏孝文帝的汉文化修养和改革措施，肯定孝文帝积极学习汉文化并精通之，在文学、制度方面卓有建树，促进了北魏社会的发展。材料七则否定北魏孝文帝的改革，认为改革矫枉过正，弃武而尚文，引发内乱，造成北魏分裂。

问题设计：在研究北魏孝文帝及其改革时，应如何看待《魏书·高祖纪》《文献通考》的史料价值？

学生活动：《魏书·高祖纪》是魏晋南北朝时期的官修史书，历史时期与孝文帝改革时间接近，史料价值较高；官修史书政治性强，需与其他材料互相印证，以趋近客观事实。《文献通考》属于元朝个人编著文献史料，史料价值逊于前者，但能与前述《魏书·高祖纪》的观点相互补充。

问题设计：你同意上述两则材料中的哪种观点？并说明同意的理由。

学生活动：基于不同类型的史料研习情境，自行选择所认同的观点加以论证说明，涵养对带有冲突性的历史叙述的理性评价，形成开放的、客观的历史认识。

预设答案：观点一认为北魏政权的衰落和灭亡源于"汉化"政策。依据是北魏推行"汉化"政策放弃了本民族的历史传统，改鲜卑族的勇武之风为汉人的文弱之气，削弱了北魏的军事力量，也造成了鲜卑族内统治阶层的分裂，失去了统治的根基，导致北魏出现政治危机，最终导致国力日衰。观点二同意北魏孝文帝改革对国家的再度统一有重大意义。依据是汉化政策改变了北魏落后的面貌，有利于北方经济发展，促进了少数民族封建化进程；有利于民族交融，促进了中华民族的发展，为隋唐大一统奠定基础。

教师活动：提供历史评价的原则、思路，培养学生正确地评析历史人物与历史事件的能力。引导学生正确评价北魏孝文帝的改革。改革的积极影响——北方社会农业经济有了明显发展；促进了各民族的交流和交融；大大加速了北魏政权的封建化进程，对北魏社会乃至整个中国历史产生了深远的影响。改革的消极影响——促进民族交融的同时，也将当时汉人门阀政治的弊端带给了北魏；打破了鲜卑人自身固有的凝聚力；给鲜卑族的消亡、北魏的灭亡埋下了隐患。

教师总结：马克思曾说，"野蛮的征服者总是被那些他们所征服的民族的较高文明所征服"。历史评价的原则应当是全面、客观的，评价的标准是遵循正确的史观，以历史人物或改革对当时社会及历史的作用来看，如果推进了国家统一、社会进步、生产力发展等，就应该肯定，反之，则要予以否定。教师简析影响历史人物和事件评价的主要因素有历史评价的角度、评价者所持的标准、时代局势的变化。

设计意图：这一组问题的设计及教学活动所要贯彻的教学目的是,使学生能够辩证地运用唯物史观的基本观点和方法,正确认识北魏孝文帝改革促进了双向互动的民族交往、交流,为统一多民族国家的发展注入了新元素。

课堂小结：我国作为一个文明古国,统一多民族是其最突出的国家特征之一。三国两晋南北朝时期,尽管最主要的时代特征是分裂战乱,但是,由于南北方经济的恢复与发展,这个时期民族交融的发展迅速,为隋唐的统一奠定了坚实的基础。因此,三国两晋南北朝是中国历史发展的"大一统秩序重构"的重要阶段。

（四）学习任务四：探究隋唐时期经济的发展

材料一：

汴河怀古二首

〔唐〕皮日休

万艘龙舸绿丝间,载到扬州尽不还。

应是天教开汴水,一千余里地无山。

尽道隋亡为此河,至今千里赖通波。

若无水殿龙舟事,共禹论功不较多。

材料二：

炀帝此举,为其国促数年之祚,而为后世开万世之利,可谓不仁而有功者矣。

——傅泽洪：《行水金鉴》

材料三：

大运河是一条中国联通世界的文化纽带,是展现中华文明开放包容精神的文化载体。回望历史,古代中国的丝绸、瓷器、茶叶等物产的外运,日本及新罗的遣唐使来访,中国高僧鉴真东渡,外国使者马可·波罗、利玛窦等人的游历都离不开大运河。

——贺云翱：《向世界讲好大运河的故事》

问题设计：根据材料,大运河的开通产生了哪些历史影响?

学生活动：结合材料讨论,从《汴河怀古二首》出发,从大运河推动经济发展、修建大运河过程中滥用民力导致社会矛盾激化,以及大运河为对外交往创造条件三个角度全面认识大运河的建设。

教师活动：进行总结,渗透主观目的与客观效果的分析,说明隋炀帝修建大运河的目的是便于享乐,是隋朝暴政的产物,这也是隋朝短命而亡的重要原因,但其沟通南北经济、推动对外交往的作用与影响也不容忽视。

学生活动：进一步阅读教材相关内容,梳理唐朝经济发展的成就。

教师活动：总结归纳——农业领域,曲辕犁、筒车的发明与推广应用;手工业领域,唐三彩;商业领域,长安成为当时举世闻名的国际大都市。这些说明唐朝在农业、手工业以及商业领域都取得了突出成就。

问题设计：唐朝敦煌地区属于少数民族地区,莫高窟壁画反映当时这一地区已采用曲辕犁开展生产,说明了什么问题?

学生活动：学生观察壁画，认识莫高窟地区的少数民族也受到了农耕文明的影响而从事农业生产。

教师活动：引导学生观察图片，说明少数民族由传统的游牧向农耕转变，体现隋唐时期农耕文明影响的进一步扩展。

设计意图：文献史料解读与教材内容梳理方式相结合，使学生了解隋唐时期封建社会的经济发展状况，感受唐朝的高度繁荣。同时伴随着民族交融，北方少数民族地区社会经济得到了快速发展，南方经济的开发也在持续，进而认识到统一多民族国家的进一步巩固有利于农耕文明的扩展。

（五）学习任务五：探究隋唐时期政治制度的发展

学生活动：阅读教材，结合所学知识，从选官基础、标准、方式以及规则方面梳理中国古代选官制度的发展历程。

预设答案：西周——世卿世禄制。贵族、父辈官职、世袭、父死子继。

战国——军功授爵制。取得军功者、军功大小、战争、国家授予。

汉朝——察举、征辟制。贤能之人、德行与才能、地方推荐、国家授予。

魏晋——九品中正制。世家大族子弟，从家世、才能到单纯看家世，地方推荐、国家授予。

隋唐始——科举制。全社会、考试成绩、考试、国家授予。

问题设计：思考中国古代选官制度呈现怎样的发展趋势？

学生活动：基于选官制度的发展过程，尝试多角度分析发展趋势。

教师活动：引导学生从选官基础、选官标准以及选官方式角度对中国古代选官制度的发展趋势进行分析，使学生认识从西周到隋唐，选官范围日益扩大，官员的素质不断提高；选官标准由家世门第、财产等逐渐发展为学识、才能；选官方式由血缘、推荐、地方评论及品评逐渐发展为公开考试。选官制度逐步制度化，注重公开、公平、客观，感受制度从无到有、不断走向成熟的过程。

材料一：

与重点在于推荐的察举相比，科举制度的特点在于"怀牒列于州县"，自由报考；而且"取士不问家世"，"一切以程文为去留"，在一定程度上体现出"开放"与"公平竞争"的特色。

——冯国超：《中华文明史》

材料二：

唐代科举取士，以进士、明经两科为主，"大抵众科之目，进士尤为贵，其得人亦最为盛焉"。

——摘自《新唐书》

问题设计：科举制度具有哪些特点？

学生活动：学生解读材料，了解科举制度具有自由报名、分科考试、重视"进士"的特点。

教师活动：引导学生解读材料，从考试方式、考试内容及重点等角度分析科举考试的特点，培养学生史由证来、论从史出的能力。

材料三：

贫苦子弟，类皆廉谨自勉，埋首窗下……即纨绔子弟，亦知苦读，以获科第……因此之故，前清时代,无分冬夏,几于书声遍野……是皆科举鼓励之功有甚于今日十万督学之力也。

——邓嗣禹:《中国考试制度史》

材料四:

(唐太宗)尝私幸端门,见新进士缀行而出,喜曰:"天下英雄入吾彀中矣!"

——〔五代〕王定保:《摭言·述进士上》

材料五:

太宗皇帝真长策,赚得英雄尽白头。

——〔唐〕赵嘏:《残句》

材料六:

进士、明经诸科"进士以声韵为学旨趣","一诗一判,定其是非,从此遗逸"。天下士子以科举为唯一出路,科举成为教育重心。

——改编自吴宗国:《唐代科举制度研究》等

问题设计:阅读材料,思考科举制度产生了哪些影响?

学生活动:学生通过解读材料,理解科举制对保障官员文化素质,形成重学风气;扩大统治基础,加强中央集权的作用,同时认识到其模式标准单一,不利于思想发展的局限性。

教师活动:引导学生利用材料对科举制的影响进行分析、归纳、总结,进一步说明科举制是选官制度史上的创新,也是中国古代选官制度走向成熟的一大表现,培养学生史由证来、论从史出的能力。

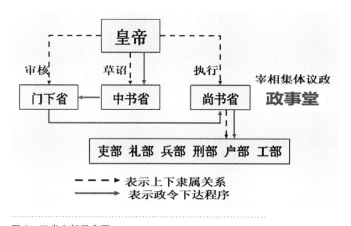

图1　三省六部示意图

问题设计:如果唐朝准备在长安城内兴建一大型工程,试简要说明中央从决策到实施的基本程序。

学生活动:基于三省六部示意图,进行流程的分析与梳理,了解三省六部制下"中书省—门下省—尚书省—工部"的运行程序。

材料七:

唐无论社会、经济、选举、交通等,较之西汉,其繁杂程度又何止十倍!旧体制不足以取新社会,于是政务决策则由丞相一人转为中书门下两省合议,谨慎大政之决策在此行政过程中,宰臣与君主有俱不可得而专擅。论者徒就君相权力表面之分划而谓唐制为汉制之退步,恐未得设立制度之真情。

——孙国栋:《唐宋史论丛》

材料八:

凡有政事,先由中书取旨撰拟诏敕,付门下审覆,再下尚书施行;步骤精密……惟是事权分立,往往发生流弊,尤以中书门下两省,或论难往来,各逞意气。太宗深察其弊,乃令三省长官合署办公,是谓政事堂,此实唐代宰相制度之一进步也。

——严耕望:《唐代文化约论》

问题设计:根据材料,谈谈三省六部制有何制度优势与弊端。

学生活动:学生阅读材料,分析三省分工明确,集体议事,适应了唐朝帝国的发展、政务繁多的现状、巩固大一统的政局。同时因为权力的相互牵制,三省之间容易出现相互推诿的问题,影响行政效率。

学生活动:阅读教材,梳理魏晋至隋唐赋税制度的变化过程。

预设答案:魏晋时期,实行租调制。成年男子每年向官府缴纳一定量的谷物,称为“租”;缴纳定量的绢或布,称为“调”。丁男还要负担一定的徭役。

唐初,实行租庸调制。在租调的基础上增加了“庸”。“庸”即指服徭役的期限内,不去服役的可以纳绢或布代役,称为“庸”。

唐中后期,实行两税法。每户按人丁和资产多少缴纳户税,按田亩多少缴纳地税;一年分夏季和秋季两次纳税。保证国家的财政收入;征税由人丁转向亩地,减轻了对农民的人身控制;对宋元明清各朝赋税制度产生影响。

问题设计:尝试比较租庸调制与两税法,概括两税法的创新之处。

学生活动:分小组讨论两税法的创新之处,锻炼学生的合作探究能力。

教师活动:带领学生学习两税法的影响,帮助学生归纳总结知识。

设计意图:通过解读文献资料与梳理教材内容,学生认识三国两晋南北朝至隋唐时期的制度在传承中创新。魏晋时期在两汉察举制的基础上建立了九品中正制,其发展演变为隋唐时期新的选官制度突破性发展奠定了基础;中枢政务机构在三公九卿的框架内逐渐形成了三省制,为隋唐时期的三省六部制奠定了基础;北魏创立的租调制则为隋唐所继承,但唐中后期由于土地兼并严重,租庸调制难以为继,逐渐被两税法所取代。在探究过程中,培养学生史由证来、论从史出的能力,落实史料实证和历史解释的核心素养。

(六) 学习任务六:探究隋唐时期民族关系的发展

问题设计:阅读教材,梳理唐朝与突厥的关系发展过程,了解唐朝通过哪些方式解决突厥问题。

学生活动:根据表格梳理唐朝处理与突厥关系的方式。

表5　唐朝处理与突厥关系梳理表

时　间	过　程
贞观初年	大败东突厥,被尊为"天可汗"
贞观年间	打压西突厥,设立安西都护府
唐高宗时期	灭西突厥
武则天时期	设立北庭都护府

方式:战争、设置机构进行管理。

问题设计:阅读教材,进一步梳理唐朝处理与吐蕃、靺鞨关系的方式。

学生活动:根据教材内容,归纳唐朝开明的民族政策以及灵活多变的边疆管理措施。

教师活动:引导学生梳理措施,理解隋唐统一为民族间自然交流创造了条件,有效促进了民族交融。

材料一:

蕃人旧日不耕犁,相学如今种禾黍……城头山鸡鸣角角,洛阳家家学胡乐。

——〔唐〕王建:《凉州行》

材料二:

(文成公主)除了携带着丰盛的嫁妆外,还带有大量的书籍、乐器、厨房和粮食种子,组成成员中包括了大批文士、乐师和农技人员。

——摘编自曹国宁:《文成公主入藏和亲的历史贡献》

材料三:

唐朝对待被征服的异族,设立都护府或都督府去管理他。然环伺塞外的异族既多,当其种类昌炽,而中国政治力量减退时,就不免又被其侵入的危险了。

——吕思勉:《中国通史》

问题设计:唐朝开明的民族政策产生了哪些影响?

学生活动:阅读材料,多角度分析唐朝民族政策带来的影响。

教师活动:在学生学习成果基础上进一步总结提升——祖国疆域是由多民族共同缔造的,隋唐时期开明的民族政策促进了民族交融,维护了国家统一;但当唐王朝走向衰落时,少数民族重新成为威胁中原王朝的力量。

设计意图:通过了解唐朝实行开明的民族政策,唐朝和周边少数民族建立的政权对祖国边疆地区的开发作出了积极的贡献。学生从材料中提取信息,思考唐朝对边疆民族的治理的积极意义,认识这一时期民族交融对统一多民族封建国家发展的积极意义,培养学生的史料实证核心素养。

(七) 学习任务七: 探究三国至隋唐时期对外交往的发展

阅读教材,根据表格梳理这一时期的中外文化交流的史实。

表6　唐朝的中外交流

佛教文化交流	东晋法显西行天竺
	唐朝高僧玄奘前往天竺取经
	鉴真东渡日本传授佛法
	日本学问僧空海长安求法
国际大都会	唐都长安聚集大量各国使节、商人、侨民
国际大港口	唐后期，不少西亚商人在广州、泉州等港口城市定居
教育国际化	新罗、日本使节和留学生入唐，外国人可在唐考科举
造纸术传播	8世纪，经大食国传播到北非和欧洲
中医药传播	随着炼丹术传到阿拉伯地区

材料：

在不同文明的碰撞过程中，唐朝文化得到极大的补充和发展，并汇集为开创新时代的动力，最终形成了以唐为核心向四周辐射的文化圈。

——冯国超：《中华文明史》

问题设计：阅读教材，观察唐朝对外主要交通路线示意图，概括唐朝对外交往的特点与影响。

学生活动：观察地图，阅读材料，试着分角度讨论唐朝对外交往特点。

教师活动：引导学生从时空、方式、内容、影响四个角度归纳唐朝对外交往呈现的海陆并举、双向互动、内容丰富、影响广泛的特点，并形成了东亚儒家文化圈。

设计意图：通过图片、教材内容材料的观察与解读，理解唐朝对外交往的特点，感受唐朝文化远播海外的巨大影响力，认识中国古代文化在继承、吸收、融合中走向繁荣，并辐射东亚，领先世界，增强学生对中华优秀传统文化的认同感和民族自豪感，培养家国情怀。

三、聚焦学科核心素养的学生活动设计策略总结

（一）聚焦学科核心素养，明确水平要求，将核心素养的培养作为设计学生活动的目标

历史学科五大素养"五位一体"，既是学习目标，也是一个完整的学习的过程。学习活动设计在目标层面要聚焦历史学科的五大核心素养。"唯物史观"是学习指导，"时空观念""史料实证""历史解释"是学习过程，而"家国情怀"就是学习目标。在学生活动设计中，教师要将这五大素养有机整合贯穿活动设计的始终，要对五大核心素养的联系和区别以及相应的水平要求都了然于心。在设计学生活动时，教师要综合考量教学的内容、活动的形式、学生的学情和学科素养的水平要求等多

种要素,设计出既能体现学科核心素养又难度适中的学生活动。比如"历史解释"这一素养,针对高一的学生,在新课中教授鸦片战争根源的教学内容时,首先要落实提升学生历史素养水平一的要求,即"能够辨别教科书和教学中的历史解释,能够发现这些历史解释与以往所知历史解释的异同,能够对所学内容中的历史结论加以分析",因而要让学生区分"鸦片战争""中英战争""贸易战争"这些名词的区别。而针对高三的学生,教师可以设计活动,让学生分析关于战争不同称呼背后的区别,落实历史解释素养水平三的要求,即"能够分辨不同的历史解释;尝试从来源、性质和目的等多方面,说明导致这些不同解释的原因并加以评析"。

学科核心素养的形成是一个循序渐进的长期培养的过程,不可能一蹴而就。教师要围绕学科核心素养设计学习活动,推动学生在活动中展开学科学习,内化知识,形成品格和能力。

(二)合理整合教学内容,创设历史情境,推动学习活动的展开

《中外历史纲要》自 2019 年实施以来,给一线教师最突出的感受就是"容量大",每课包含了几千字的内容,包含正文、导语、学习聚焦、思考点、学思之窗、历史纵横、史料阅读等诸多栏目。如此众多的内容,一节课要面面俱到绝不可能,而且也会非常低效。这就要求教师在分析课程结构的基础上,对教学内容进行有效整合。首先,教师可以把握学习内容的关键问题来进行梳理,明确围绕核心问题所涉及的核心人物、核心史实。其次,教师要确定教学内容的重难点来构建教学的逻辑结构,推动整体化教学。最后,在整合教学内容时,要和学科核心素养进行联结,确立侧重哪些学科核心素养,同时也要注意对学科核心素养的综合培养。

历史学科的特点具有过去性。所以教师要努力创设历史情境,将学生带到历史事件发生的当下去了解、感受、体会历史的真实境况,在历史的情境中去展开学习活动,进行历史探究。这样更能激发学生的学习兴趣,并且潜移默化地教会学生坚持唯物史观,即回到历史所处的时代背景中去研究和评价。

(三)围绕核心问题,创设问题链,引领学习活动的开展

学生历史学科核心素养的发展,绝不是对现成的历史结论的记忆,而是要在解决学习问题的过程中理解历史,在说明自己对学习问题的看法中解释历史。[①] 可见问题的创设就是学习活动的引领。教师围绕核心问题,创设问题链,为学生活动设计了基本的逻辑,使学生活动目标明确,步骤清晰,保证学生学习活动的有效性。

在基于核心问题创设问题链时,教师要特别注意问题链中的"链"就是问题之间的逻辑关联。这种逻辑关联能确保一组分问题围绕核心问题形成一个完整的知识结构。在此过程中,教师也需要规避问题设计的一些"雷区",如问题设计缺乏思维含量,学生通过阅读教材就能获得答案;问题设计脱离学生学习水平,将一些历史概念硬塞给学生;问题呈现形式过于单一,缺乏问题的情境。

① 金丽君:《问题的要义:指向历史核心素养"问题引领"的教学策略》,《中学历史教学》2020 年第 1 期。

（四）基于学情，设计适切的学习活动，保证学习活动的有效性

实施历史活动课最基本的原则是坚持学生的主体性，增强学生在活动中的主体意识。因此，在开展历史活动课的过程中要尊重学生的身心发展特点。[1] 高中学生正处于青春期，生理和心理都发生着巨大的变化。就生理来说，身体的快速成长让学生觉得自己更有力量。在此基础上，他们在心理上有渴望得到认可的需要和探究世界的热情。他们的记忆能力、演绎能力和逻辑推理能力都有了极大的提升，有了进入较为复杂和深刻的学科探究学习的能力基础。他们的人生观和世界观也正在形成，需要有正确的价值观的引导。同时，他们在初中已经完成了基本的中外历史概要内容的学习，具备一定的历史认知的基础。但同时，当今高中生在心理上排斥传统的说教，排斥权威的束缚。高中阶段的学习在内容深度和要求上较初中有了很大的提高，学业负担更重了，能花在阅读和思考上的时间减少。

在高中阶段，学生的身心也处在不断发展变化的过程。通常来说，高一的学生学习积极性最高，但逻辑思维能力偏弱；高二的学生学习的自律性提高，但学习精力不够；高三的学生学习的目标性最强，逻辑思维能力也有了很大的增长。因此，教师在设计学习活动时，除了考虑客观因素，如教学内容、教学目标、学科核心素养等，还要考虑主观因素，如教学对象所处的年级、学习的能力、兴趣爱好、男女比例等。从学生的角度出发设计学习活动，才能真正激发学生的参与意识，促进思考与互动，才能达成教学目标，培养学科核心素养。

综上所述，"双新"背景下呼唤育人观念和方式的根本性转变。在高中历史课堂教学中要坚持学科核心素养的统摄性和引领性。围绕学科核心素养，整合教学内容，设计问题，推动学生展开学习活动，真正在学习的动态过程中获取学科知识，生成正确的价值观，形成良好的品格和终身发展的学习能力。

---

[1] 胡晓露：《历史学科核心素养视域下的活动课探究：以〈中外历史纲要（上）〉为例》，闽南师范大学 2022 年硕士学位论文。

文学作品证史价值的学习活动设计与实践研究

——以《中外历史纲要(上)》第二单元为例

同济大学附属七一中学/杨 夏

一、研究的背景

近三年来,随着统编教材的推广和运用,上海高中历史学科的日常教学愈发注重课堂中对于学生学史方法的渗透与证据意识的培养,以及关注学生学习经历和学习活动。单元教学中有相当一部分文学作品的附录和赏析,可以让证据意识、材料解读、史料辨析等学史方法蕴含其中。也就是了解历史与文学之间的关系,判断史料的可靠性,揭示其逻辑关系,形成历史学科的证据意识、逻辑意识、批判意识和兼容意识。

和传统的历史教学不同的是,"双新"背景下的历史教学,更加注重学生学习历史的方法,以及对史料的甄别和运用。学生在课堂中的参与程度与学习达成度是重要的研究方向,学习活动的设计就需要教师在了解学情的基础上,不断实践和探索。课程标准关于过程与方法的描述,较以往也有了很大的区别,其中专门添加了关于证史路径及史料鉴别的相关内容,如认识文学艺术作品的史料价值等内容。对于教师而言,在日常教学中,更要注重史学方法的落实,以及对学生学史方法和意识的培养。

同样,教师在教学中要认识到,让学生掌握发现并解决问题的方法某种程度上比记住单一的事件更重要。因为学生可以通过学习活动丰富自己的认识,形成对文学与史学关联的重要的认识。要教会学生方法,培养学生能力,教师就应该认识到只记住知识并不是最重要的,重要的是从历史的事件、历史的人物、历史的变迁中去思考"为什么",要在课堂上培养学生的证据意识、兼容意识、国家意识、人格意识。换言之,历史学科要达到育人的目的。

魏晋南北朝与隋唐这一历史时期,是文学作品盛产的一个时代,魏晋时期的骈文、短诗,隋唐时期的诗词都给后人留下了许多宝贵的财富,同时这些文学作品也有历史价值。本文将从魏晋隋唐时期的文学作品证史的方法和价值,以及学习活动设计等方面来展开叙述,立足统编教材《中外历史纲要(上)》的相关内容,在教学实践中实现学生从模仿到迁移,从而学会学史的方法。同时,笔者对整个教学过程做了总结反思,以期更好地指导教师今后的历史教学实践活动。

学生学习活动的设计与参与后的评价可以让教师了解学生掌握课与单元的知识的情况,也就是说历史学科的育人价值不仅体现在把课上好,更重要的是把情感及学史的方法教给学生,使学生感悟历史的美,把握评价历史中的人和事的方法,多方面思考历史事件及其影响,从而体现历史学科育人的理念和核心素养的落实。所以,笔者把学习活动设计与文学作品证史相结合,力求在魏晋南北朝单元教学中实现学生历史学科核心素养的落实与学习有效度的达成。

　　基于目前现有的研究资料及文献,教师在日常教学中运用历史图片、历史地图的较多,尤其是一些绘画作品和壁画作品,而关于文学艺术作品在中学历史教学中的运用问题,多半也是从单一的视角或方面来展开,比较全面的研究不是很多。目前,把文学作品和学生学习活动联系起来,并且从魏晋隋唐文学艺术作品的学习活动设计及证史价值角度展开论述的很少。

　　当历史上那些曾经鲜活的事件、人物、制度、艺术等转化为文字,特别是生动形象、脍炙人口的文学作品的时刻起,它们就凝固了。历史课堂便是把这些看似凝固的历史一丝丝地抽出……使它们成为可以触摸、感知、聆听、继承、实践、畅想、创造的活生生的素材![1]可见,在中学历史教学中,教师应通过不同的方式巧妙运用文学作品,让生动形象、富有表现力的文学作品为历史教学服务。有学者主张:“要把文化史中的思想、科技、文学、美术、音乐、影视等内容放到特定的历史时代、社会环境中去考察,探讨其产生和发展的历史背景及其对整个人类历史进程的影响。”[2]文化史是我们学习历史的一个重要组成部分,各种文学艺术的作品也是我们了解历史的有效载体。

　　同时,我校高中教研组的教师均较为熟悉魏晋隋唐单元的内容,对于新教材都有一轮执教的经历,积累了相应的素材。基于以上认识与实践,笔者结合学习活动设计和课堂实践来展开相关的叙述,为日常教学落实学科核心素养提供有效的实现路径与方法。

二、学习活动设计

(一)学习活动设计的缘起

　　高中统编教材的推行,让教师更加关注学生的课堂参与及过程评价,《中外历史纲要》和专题梳理的选修、必修教材内容容量大,因而学生的学习要更加注重方法的指导,设计好学生的学习活动。从结果的角度看,有效的课堂既关注了教学预设目标的达成,学生获得的生成与发展,也落实了学科核心素养。以魏晋隋唐时期的历史单元为例,教师从文学作品入手,设计学习活动,让课堂“活”起来,促进学生的参与和互动。

　　不过,学习活动的设计需要针对学情适时调整,并不是千篇一律的,教师在教学过程中若没有当好学习的组织者、引导者,反而不能激发学生的学习兴趣、挖掘学生潜能,也不能够促成教学目标的达成。此外,学习活动的设计若和本课内容主旨毫无关联,问题没有启发性,活动没有主动性,讨论没有探究性,到最后,还是由教师将知识生硬地灌输给学生,这样的学习设计也是低效甚至是无效的。

　　基于活动设计的教学能够实现课堂增效,帮助学生更好地理解魏晋隋唐时期的文学作品证史价值。我校教研组进一步准确把握教材和领会课标要求,充分研读教材,提出合理的教学目标,做到围绕内容主旨有的放矢。我们认为,构建科学合理的教学目标,是使课堂教学有效的必要条件,是学习活动设计的必要前提。科学合理的教学目标包括认知掌握目标、技能达成目标、心理发展

---

[1]　赵亚夫:《历史课堂的有效教学》,北京师范大学出版社,2007年,第46页。
[2]　梅金娣:《从历史的角度学文化,从文化的角度学历史——新课程高中历史必修三教学设想与实践》,《中学历史教学参考》2007年第5期。

目标等,这些与学生的学习过程和评价生成都有密切的关系。

(二) 学习活动设计的原则

首先在目标上要有针对性。在中学教学中,为了保证课堂教学和学习的有效性,学习目标和教学目标的设定非常关键。目标的设定需要以学情为基础、以教学的重难点为依据。一节课中的活动设计应该是以解决重难点为目标。一般情况下,一节课最好不要设置超过三个让学生深度参与的学习活动。因为深度参与的学习活动,必须在参与时间上有所保证,任何有思考的学习活动都是先从浅层参与发展而来,如果时间不足,学生就会停留在浅层参与的程度上,不能达到学习活动设计的预设效果。此外,学习活动的参与要有交流展示。因为只有学生展示或者表达了,教师才能及时掌握学生参与的程度和学习的效果。若只有参与,而没有反馈和展示,最后只能成为课堂的作秀。为了兼顾参与的多样性和基础知识的落实,在设置学习目标的时候,可以有浅层参与的学习活动(如朗读、问答等)和深度参与的学习活动(如思辨、探究等),两者相结合,把一节课的基础知识放在若干个浅层参与的学习活动中,而把培养能力、创造性学习的目标放在深度参与的活动设计中。目标有针对性,才能找到设置深度参与学习活动的切入点,才能组织和引导学生在学习活动中深度思考,实现深度学习和个性化历史认知的建构。

其次是预设的开放性。在活动设计中,预设与生成既相互统一又相对独立,既能让学生在实现基本的学习目标后生成更高的个性目标,又能给学生学习探究新知识、深度参与学习活动的时间,关注学生个体对历史的个性化理解和认识。在学习活动设计的过程中,预设只是教师的一个理想目标,面对学生在预设之外的答案,教师需要不断引导和鼓励,在不断反馈评价的过程中给予他们必要的帮助,使他们有更全面的认识和更深层次的辨析。

最后是层次的全面性。在课改不断推进的过程中,越来越多的教师打破了传统的以教师为中心、以讲授为主的教学模式,越来越重视学生本位,在课堂上强调以学生为中心、小组合作探究的教学模式,在课堂上以学生的合作探究和展示为主,教师主要起到组织和点拨的作用。为了真正照顾到全体学生,让各个水平的学生都能参与到课堂的学习活动中来,教师在设计学习活动的时候,就应该考虑学习活动层次的全面性。在历史课堂教学中,先让学生参与到学习活动中来是让学生深度参与学习活动的基础,因为所有的深度参与都是从浅层参与的基础上发展而来的。

三、活动设计及实践案例

(一) 三国两晋南北朝的政权更迭与民族融合——证社会风俗

本课是《中外历史纲要(上)》第5课,以史实叙述为主,所涉及的时间跨度很长,课程容量比较大,线索清晰但主题较为分散,若按子目顺序讲解,会比较难聚焦,也不容易在一课时内完成。本课的主要内容是:三国两晋南北朝时期国家分裂,政权更迭频繁,民族冲突严重,但是社会经济在曲折中仍有进步,汉民族与内迁民族频繁接触,政治、经济、文化、风俗习惯等方面相互渗透和影响,逐步走向交融,推动了统一多民族国家的发展。

结合三国两晋时期的社会状况,从"时空观念"角度了解政权更迭和北方少数民族的内迁;从"史料实证"角度认识江南区域经济的发展成就;结合孝文帝改革的内容和影响,从"历史解释"角度认识三国两晋南北朝时期的民族交融在统一多民族国家发展中的意义。

要培养学生用历史唯物主义思考问题,用辩证法分析历史事件,最好的方法是运用对比原则,可以将文学作品与史料对比呈现,引发学生思考。例如,将古典小说《三国演义》与史料《三国志》进行对比,一方面帮助学生区分文学与历史的本质,另一方面培养学生论从史出、史论结合的能力。对此,笔者进行了如下的设计。

师:讲到魏晋南北朝的历史,就得讲到三国及其后续演变。有同学可以说说对三国有哪些了解吗? 能说说你了解到的有关三国的历史故事吗?

生1:刘备三顾茅庐。

生2:刘关张三结义。

生3:诸葛亮草船借箭。

师:看来大家对《三国演义》这本小说很熟悉,说的都是这当中的经典故事。你们觉得书中的这些故事是历史上真实发生过的吗?

生1:我觉得是真实的,因为是古人写的。

师:古人写的就一定都是真实的历史吗?

生2:《三国演义》是历史小说,对研究三国的历史有一定的意义,但并不是完全真实的历史,更多的是作者的想法。

师:很好,就比如刚才有同学提到"温酒斩华雄",我们来看看正史《三国志》中是如何记载的。(PPT呈现:"坚复相收兵,合战於阳人,大破卓军,枭其都督华雄等"。)

师:对比《三国演义》,在《三国志》中,华雄是被谁杀死的?

学生:孙坚。

师:我们在研究历史时,一定要学会区分文学与史料。文学作品中会含有一定的历史信息,但更多的是作者的艺术创造。因此,我们在评价历史人物、历史事件时,切不可以文学中的描述作为标准,一定要有史料依据,做到论从史出、史论结合。

设计意图:设计此环节的活动是为了引起学生对文学与历史界限的重视,这对学生以后养成良好的历史思维有着重要意义。此外,在教学中,教师重视合作学习与集体讨论,在讨论的过程中,尊重学生的个人观点,允许自由发挥,但一定要有史实依据。总的来说,历史思维的培养要从细节做起、从学生的认知基础入手,认识文学与史学的本质,养成论从史出的意识与态度,这是一个良好的开始。

于是,在本课后半部分讲民族融合的时候,教师也设计了相关的学习活动。如在讲述民族交融中,少数民族对音乐、民歌的影响尤为明显。教师就列举了隋唐时期的燕乐和西凉乐,这些绝大部分源自北朝的胡汉混合乐。我国人民喜爱的笛、琵琶等乐器,就是在此时普及并进入大雅之堂的。民歌中能够反映民族融合的精品,非《敕勒歌》和《木兰辞》莫属了。如果说《敕勒歌》是胡歌汉译,是对游牧民族生活的写照的话,那《木兰辞》中的花木兰就是在民族融合背景下才能产生的中原妇女的形象了。此外,此时佛教的广泛流传,也与少数民族统治者组织翻译佛经,并大力提倡和推广密不可分。

由此可见,魏晋时期的文学诗歌作品对于描绘这一历史时期的特征和民族交融特点起到了重要的作用,我们完全可以用文学视角领略这一时期的社会风俗。

(二)从隋唐盛世到五代十国——证作者态度

本课主要围绕魏晋南北朝时期国家分裂、政权更迭,到隋唐统一多民族国家得到发展而展开。从教材上看,在内容的逻辑上,隋的统一及繁盛为唐朝奠定了基础;吸取隋亡的教训,唐初出现了治世与繁荣;唐朝繁盛与统治阶级的开明政策促进了民族融合,民族融合反过来又促进唐朝盛世;而盛世下的危机导致了政权灭亡。从课程标准看,本课为《中外历史纲要(上)》第二单元第6课的内容:在魏晋南北朝民族融合的基础上,隋唐大一统盛世局面出现;唐朝民族交融及少数民族政权对边疆开发作出贡献;唐代后期藩镇割据,阶级斗争形势严峻,农民起义,形成五代十国,这是一个短暂的分裂时期。民族大融合、盛世局面出现和下一课隋唐制度变化与创新互为因果关系。

教材中有一个环节,是讲述隋朝开凿大运河的内容,笔者发现该历史时期有一些描写大运河的文学作品可以用来印证大运河开凿的影响和后世对其的看法,于是设计了如下的学习活动,旨在让学生在课堂上进一步认识大运河的开凿以及辩证地分析历史事件。

师:刚刚从地图和教材上,我们知晓了隋朝开凿大运河对于王朝经济和社会发展起到了一定的作用。一条人工开掘的河流,与一个王朝兴衰总是形成某种关系。于是,这条河流也就成了古代诗人们笔下的素材。如何看待隋朝修建大运河,隋朝的兴衰与这项工程有多大关系,不同的诗人有不同的看法。让我们一起来看看他们是怎么看待隋朝开凿大运河的。

师:"京杭大运河"的竣工距离唐代并不久远,因而唐代的诗人们感受很深。首先我们来看看胡曾的诗。

教师出示唐代诗人胡曾的《汴水》:

> 千里长河一旦开,
> 亡隋波浪九天来。
> 锦帆未落干戈起,
> 惆怅龙舟更不回。

师:同学们,你们从这首诗中可以看出作者对于大运河的开凿持什么态度?

生:我觉得胡曾认为,隋朝一旦决定修建这条千里长河,灭亡的波涛就汹涌而至了。

师:很好,你从前两句看出了作者的态度。还有同学补充吗?

生:我觉得后两句作者又写到隋炀帝出游的华丽锦帆还没有落下,战争就已经开始了,让人叹息他的龙舟再也不会回来了。

师:不错,你们都看出作者认为隋朝的灭亡与大运河的开凿有关。老师再给你们看一首诗,你们也来推测一下这位作者的态度。

教师出示唐代诗人皮日休的《汴河怀古》:

> 尽道隋亡为此河,
> 至今千里赖通波。

若无水殿龙舟事，

共禹论功不较多。

生：皮日休认为人人都说修造汴河导致隋朝灭亡，可是至今南北通行还要依赖这条人工河。

师：也就是说，皮日休更关注大运河开凿的功用。还有同学补充吗？

生：皮日休觉得如果隋炀帝没有打造龙舟纵情享乐之事，他的赫赫功绩几乎可比治水的大禹。可见，作者认为修建汴河本身没有错，错在皇帝的纵情享乐。

师：很好，你们关注到了作者对于这一历史事件的看法。汴水也好，汴河也罢，实际上说的就是隋朝开凿的大运河。胡曾与皮日休都是唐代诗人，他们的看法为何会不同呢？

生：我觉得这说明了看问题的角度不同，最终得出的结论与认识也不同。

师：不错，接着说。

生：对于同一历史事件，不同的人基于不同的立场、视角，会得出不同的评价，我们也要学会辩证看待问题。

师：说得很好。所以作为文学作品的唐诗某种程度上对于证史也有不可或缺的历史价值，像这两首诗就为我们探究大运河开凿的影响起到了很大的作用。

生：老师，我觉得除了这个层面，两位诗人都处于晚唐时期，这是我比较关注的。

师：哦？怎么说？

生：晚唐的诗人们面对唐王朝的日渐衰颓，不免从各个方面对隋朝兴亡进行思考。隋炀帝开通大运河，消耗了大量的民力物力。唐诗中有不少作品是吟写这个历史题材的，大都认为隋朝亡于大运河。胡曾与皮日休生活的时代，政治腐败，已走上亡隋的老路，对于历史的鉴戒，两位诗人都清醒地察觉到了，但是他们的看法却不完全相同。

师：非常棒，你从时代特征的视角让我们进一步了解了文学作品背后的历史价值，这一点值得我们一起学习，我们课后可以进一步探究。

设计意图：这一节课的学习活动设计，在讲授大运河历史时，将两首古诗自然地穿插进去，以学生们感兴趣、较熟悉的文学作品为载体，探究作者对开凿大运河持什么样的态度。不仅让学生参与了课堂活动，激发了学习的兴趣，更重要的是让高一的学生初步养成了辩证看待历史事件的能力，稳步落实学科核心素养中的史料实证，也让学生进一步了解文学作品对于证史价值的作用之所在，使历史课堂变得有趣而有意义。

课后，有同学还主动与教师探讨有关大运河的其他文学作品，找来了张祜的《隋堤怀古》、罗隐的《汴河》等来进一步呈现作者的观点和读者的认识，从而完善了证史的路径。也有的同学从扬州的中国大运河博物馆资源中找到灵感，为同学们做了一个主题演讲。这些学习后的探究激发了学生学习历史的欲望和兴趣。可见，这样的学习活动设计不仅在课堂中实现了师生互动和学生参与，也让历史学习延伸到了课外，起到了事半功倍的效果。

（三）三国至隋唐的文化——证时代背景

本节主要讲述三国至隋唐时期的文化。这一时期上承先秦汉代，下启宋元，是中国传统文化发展的重要时期，是儒释道兼容并蓄、共同发展的时期，是中国文化开放、包容而又自信的时期。佛道的发展,使儒学受到了冲击,不断吸收佛道精华促进自身发展,体现着吸收外来文化的发展特质;书法、绘画、诗歌大放光彩,展现着中国文化的高度自信;注重对外交流、不断对外传播,彰显着中国文化的世界眼光和世界价值。

本课教材中专门有讲述该时期的文学作品的内容,但往往被教师忽略。若能很好地利用这些作品加以分析,不仅可以凸显文学作品证史的价值,也能让学生学会学史的方法和证史的路径,所以笔者设计了一系列学习活动,旨在丰富学生课堂学习经历。

教师出示曹操的《短歌行》并提问:请大家朗读并大致翻译这些熟悉的诗句。

生:对酒当歌,人生几何!

譬如朝露,去日苦多。

慨当以慷,忧思难忘。

何以解忧? 唯有杜康。

青青子衿,悠悠我心。

但为君故,沉吟至今。

生:一边喝酒一边高歌,人生短促日月如梭。好比晨露转瞬即逝,失去的时日实在太多! 席上歌声激昂慷慨,忧郁长久填满心窝。靠什么来排解忧愁? 唯有狂饮方可解脱。那穿着青领(周代学士的服装)的学子哟,你们令我朝夕思慕。只是因为您的缘故,让我沉痛吟诵至今。

师:这些诗句反映了曹操怎样的心态呢?

生:人生苦短,建功不成,求才不得,忧虑,忧虑!

师:很好,这首诗反映了曹操身处战乱时代,建功不成的忧虑心态。这些能反映历史上的曹操吗?

生:能。曹操是一个有抱负、有理想的历史人物,看到国家的分裂形势,不禁发出感慨。

师:非常好,这里也就看出文学作品可以折射作者的心态,帮助我们更好地把握分析历史人物。接下来,我们再看看这一时期的其他文学作品,你可以从中看出作者怎样的性格和态度?

龟虽寿

〔东汉〕曹操

神龟虽寿,犹有竟时。

腾蛇乘雾,终为土灰。

老骥伏枥,志在千里。

烈士暮年,壮心不已。

盈缩之期,不但在天。

养怡之福,可得永年。

幸甚至哉,歌以咏志。

答谢中书书(节选)

〔南朝〕陶弘景

山川之美,古来共谈。

高峰入云,清流见底。

两岸石壁,五色交辉。

青林翠竹,四时俱备。

晓雾将歇,猿鸟乱鸣;

夕日欲颓,沉鳞竞跃。

饮　酒(其五)

〔东晋〕陶渊明

结庐在人境,而无车马喧。

问君何能尔? 心远地自偏。

采菊东篱下,悠然见南山。

山气日夕佳,飞鸟相与还。

此中有真意,欲辨已忘言。

敕　勒　歌

敕勒川,阴山下,

天似穹庐,笼盖四野。

天苍苍,野茫茫,

风吹草低见牛羊。

生:陶渊明的田园诗,可以看出他追求理想生活、躲避现实的心态。

师:不错,魏晋时期陶渊明、曹操、曹植等人的诗文,风格各异,南朝骈文、南北朝民歌等文学形式,都体现了民族融合的特点,彰显了文化多元发展的特征。

师:魏晋南北朝时期的文学艺术成就突出,而到了唐朝时期,诗歌发展到了巅峰,诗歌创作进入黄金时代,两千多位诗人所创作的五万多首诗歌流传下来,我们不妨来欣赏一下。

将　进　酒

〔唐〕李白

君不见,黄河之水天上来,

奔流到海不复回。

君不见,高堂明镜悲白发,

朝如青丝暮成雪。

人生得意须尽欢,

莫使金樽空对月。

天生我材必有用,

千金散尽还复来。

……

五花马,千金裘,

呼儿将出换美酒,

与尔同销万古愁。

春　望

〔唐〕杜甫

国破山河在,城春草木深。

感时花溅泪,恨别鸟惊心。

烽火连三月,家书抵万金。

白头搔更短,浑欲不胜簪。

红线毯(节选)

〔唐〕白居易

宣城太守知不知,

一丈毯,千两丝。

地不知寒人要暖,

少夺人衣作地衣。

师:李白的《将进酒》中,你最欣赏哪一句?

生:天生我材必有用,千金散尽还复来。

师:为什么呢?

生:天生下我,一定有需要用到我的地方,需要我去完成。金钱用尽了,这些散失的东西以后依然会归来。这是对自我的肯定,对未来的乐观,对人生的自信。

师:很好,你看到了李白自信的心态。一千多年过去了,这种自信仍具有穿越时空的力量,给后人带来了无穷的动力。

教师播放被谱成歌曲的《将进酒》,并提问:听完歌曲大家有何感受?

生:我感受到的是沸腾和心潮澎湃,感到内心在燃烧。

师:怎么说?

生:我感觉唱的不仅是歌词和历史,更是在唱我们自己,展现出自信的力量。

师:很好,这种自信穿越历史,在新时代唤起了我们年轻人的自信、共识和共鸣。那接下来的两首诗,你们能看出诗歌风格发生了怎样的变化?

教师出示唐代诗人高适的《咏史》:

尚有绨袍赠,

应怜范叔寒。

不知天下士,

犹作布衣看。

出示唐代诗人杜牧的《九日齐山登高》:

江涵秋影雁初飞,与客携壶上翠微。

尘世难逢开口笑,菊花须插满头归。

但将酩酊酬佳节,不用登临恨落晖。

古往今来只如此,牛山何必独沾衣?

生:李白是盛唐时诗歌创作的代表人物,诗风开朗奔放、刚健清新,反映了唐朝国力强盛、文化开放的社会背景。到了中唐时,从高适的诗可以看出,诗风平实浅近,讽喻诗作大量涌现,反映了唐朝的社会弊端日益暴露。到晚唐时,诗风凝重浓郁,反映了唐朝由盛转衰。

师:很好,不同时期的作者所写的诗有不同的风格,这与创作的社会背景也有关系,唐诗的发展与演变,恰恰和唐史的发展相契合。国家的统一和开明的政治及文化政策为文学发展创造了条件。在经济方面,唐朝经济的繁荣和国力的强盛为文学发展提供了经济基础。

设计意图:从上述学习活动可以看出,文学作品对于证时代背景起到了关键的作用,文学和历史之间的关系也就在这里进一步紧密。学生对这一历史时期的社会风貌和时代特征有了更好的把握,增进了学生的认识。

(四)单元部分知识点与文学作品枚举

在讲授唐朝后期藩镇割据局面时,教材里的叙述比较简单,提到了藩镇割据局面在唐朝后期持续了一百多年,严重削弱了唐朝统治力量,但并没有进一步解释。而藩镇割据局面的发展壮大也正是唐朝灭亡的重要原因之一,是需要教师进行拓展延伸的。面对这一局面,唐朝统治者并不是视而不见,他们也看到了弊端与危害,力图削藩达到稳定,但这一过程是异常艰难的。仅靠教科书的简单叙述无法让学生透彻理解削藩的复杂性,此时教师就可以将白居易《琵琶行》的创作背景作为材料进行解释。

唐代著名诗词《琵琶行》是作者白居易被贬江州时创作的,而被贬的原因就和地方藩镇有关。元和十年(815年)六月,主张讨伐藩镇的宰相武元衡在街头被人刺死了,引起朝野震动,白居易主张要严拿凶手,却被处以罪名,再加上白居易日常多作讽喻诗,得罪了权贵,于是被贬为江州司马。教师可以简单叙述呈现这一背景,需要重点强调的是中央和藩镇势力的矛盾对抗,由此可见藩镇割据力量的实力之强和危害之大。教师通过介绍《琵琶行》的创作背景,将文史相连,展现时代特征,帮助学生加深理解。

在讲述隋唐时期的选官制度时,导入部分可以选择唐朝诗人孟郊的《登科后》,从诗词中的描绘看到科举制对于时人的影响,以此来激发学生的学习兴趣;在评价唐朝中后期两税法改革时,在问题探究部分可以引用诗人白居易《重赋》中的诗句,借此帮助学生辩证看待两税法的利弊。

其实学生在语文课或者课外已经了解过很多经典的文学作品,大多从文学的视角来解读。而历史教师在讲述唐诗创作的时代背景时,若可以给学生对比呈现李白的浪漫主义诗歌和后世宋代苏轼的词,设问让学生从历史的角度分析为什么宋朝不再盛行诗歌。学生带着这个问题,就会结合教材进行对比,从而进一步落实历史解释的核心素养。他们渐渐就会明白,诗歌有严格的格律限制,和唐朝科举考试的文字书写有关,其内容会受到束缚,使作者不太能自由地创作。而两宋时期商业经济发展,市民阶层扩大,人们越来越重视精神生活,瓦子勾栏众多,城市生活丰富多彩,需要大量的歌词,这就使得文学创作的限制减少,于是宋词在借鉴前朝文学成果的基础上应运而生。

由此可见,文学作品发展的世俗化和平民化趋势背后反映的是社会经济的不断发展,所以在历史教学中利用文学史部分提到的文学作品,最大的作用是联系时代特征,反映时代特色。

整个单元对于魏晋隋唐历史的描绘还有许多陈述。站在文学的角度,和历史有关的这些作品在今天看来都是中国传统文化的重要组成部分,具有极大的文学价值。而站在历史的角度来看,文学作品的体裁不断更迭发展的背后,反映的是人类社会的发展。每一种体裁的文学作品都带有明显的时代特色,属于一代之文学,都在特定的历史时期留下了光辉的印记。

(五) 试题呈现及检测

为了更好地了解学生学习的情况,也为了检验教学的有效性和达成度,在单元练习和学期结束前的期末检测中,均设置了几道关于文学作品证史的题目,这也是学习设计的一个组成部分,要让学生真正理解和把握,就需要一个过程性的评价与检测。

试题1:据《三国志》中记载,诸葛亮"于治戎为长,奇谋为短","应变将略,非其所长"。东晋南朝时期,他杰出的军事才能被塑造出来;唐末,诸葛亮从"名士"变成"名将",后又变成了"智将";宋元时期,诸葛亮被塑造成了足智多谋、用兵如神的"半人半仙"形象。诸葛亮的军事才能不断被强化表明(   )。

A. 时代变迁导致人物形象远离史实　　　　B. 人物形象被赋予特定的时代标签

C. 文学作品为适应民众口味而虚构　　　　D. 主流思想影响着人们的价值判断

试题2:南朝大族谢灵运的《山居赋》中写道:"田连冈而盈畴,岭枕水而通阡。"朝廷规定:第一、二品官占山三顷,三、四品二顷五十亩……先占者不得更占。据此可知当时(   )。

A. 政府对庄园经济的否定　　　　　　　　B. 士族阶层力量的迅速壮大

C. 政府鼓励士族广占百园　　　　　　　　D. 政府限制土地的过分集中

试题3:脍炙人口的《木兰辞》是北朝民歌,也是中华民族文学宝库中一颗璀璨的明珠。它从艺术形式上,反映了北方民族妇女的特色;从文字而言,词兼胡汉,"天子""可汗"并用。这反映了(   )。

A. 少数民族为中华文化增添色彩　　　　　B. 北方女性具有男子的英雄气概

C. 民族融合的趋势开始出现　　　　　　　D. 儒家思想观念已深入人心

试题4:

材料一:

宁为百夫长,胜作一书生。

——〔唐〕杨炯:《从军行》(节选)

男儿何不带吴钩,收取关山五十州。

请君暂上凌烟阁,若个书生万户侯。

——〔唐〕李贺:《南园十三首·其五》

材料二:

富家不用买良田,书中自有千钟粟。

安居不用架高堂,书中自有黄金屋。

——宋真宗(赵恒):《励学篇》(节选)

莫道儒冠误,诗书不负人;达而相天下,穷则善其身。

——〔北宋〕汪洙编:《神童诗》(节选)

问:从材料一和材料二可以看出社会价值观念正在发生怎样的转变? 导致该转变的原因有哪

些? 依据上述分析,你如何看待文学作品的史料价值?

试题5:有学者指出,唐诗对于唐代史实的反映,比起后人修纂的史书来说,是更原始的一手资料。对于这种把唐诗用于历史研究的做法,下列解读最合理的是(　　　)。

A. 唐诗最能反映唐朝的真实情况,可以用于历史的研究

B. 唐诗是对当时社会生活的一种反映,经考证后可使用

C. 唐诗是原始的直接资料,最适合用来研究唐代的历史

D. 唐诗属于文学作品,多夸张想象,不能用作历史研究

四、学习活动设计反思

上述5道题目有选择题、简答题、分析题,考察文学艺术作品证史价值的不同维度。从高一年级155名学生的测试结果看,90%左右的学生拿到了满分,他们普遍理解了文学作品虽然可以证明作者的认识和看法,但有艺术想象和夸张成分,还需要其他材料来佐证,并且进一步知晓文学艺术作品的证史路径。一个学年下来,关于此类试题和考察点,学生整体有大幅度的成绩提升,从原来的仅仅认为文学艺术作品和历史有关,渐渐认识到其史料价值和证明历史事件与历史人物的作用,并渐渐迁移和认识到图像、漫画、影视作品也有同样证史价值和路径。学生不仅完善了学习历史的经历,也进一步增强了历史解释这一学科核心素养。

可以看出,文学作品是激发学生历史学习动力和兴趣的好帮手。学生往往喜欢历史故事和历史人物,但是不喜欢墨守成规的历史课,究其原因,学生对历史学习的兴趣和喜爱,是来自对于历史细节的生动描述,以及与历史人物产生的共鸣,这不是仅仅靠阅读历史教科书所能得到的。而有关历史的文学作品的运用,正好可以弥补这一缺憾。文学与史学在这一刻重新结合,也被重新认识、理解与感受。

文学作品也可以为学生提供理解历史的新视角。作为历史教师,我们都明白文学作品具有较大的虚构成分,但如果正确使用,并不影响其在促进学生理解历史过程中所发挥的重要功能。只要文学作品本身描绘的内容符合当时人们真实生活的逻辑和情理,表达了特定社会的一些感想,学生也可以从虚构的人物中看到时代的真实面貌,从而打开学习历史的新视野。

文学艺术作品证史是史学思想方法中的一个重要组成部分,旨在引导学生理解历史知识的产生过程和历史认识的形成过程,进而能判断不同类型史料的价值,揭示史实形成和史实之间的逻辑关系,以历史的观点观察、分析、综合、比较,并尝试初步解决一些相关问题,由此逐步形成历史学习中的证据意识、逻辑意识和兼容意识等,提升历史思维品质。高一年级学生有这样的模仿和理解的学习过程,有助于其形成完整的史料实证意识。

中学历史统编教材的语言表达注重严谨性与学术性,部分内容过于理性,从而拉远了与学习能力和兴趣一般的学生的距离,在他们的头脑中没有一个鲜活的场景与形象。而文学作品的语言富有审美情趣,情节生动曲折,跌宕起伏,不仅可以有效地吸引学生的注意力,拓展其对于历史的认识,提升他们的审美能力,更为重要的是,还可以用人物语言、场景描述还原当时的社会风貌,使学生身临其境,触摸到鲜活的历史。

运用文学作品营造历史情境,在还原社会风貌的基础上,还可以帮助教师阐释教学重点,突破学习难点。教师在选择文学作品时,要注重筛选,优选具有人文情怀的作品,从而激发学生的情感,在掌握知识的同时,完善家国情怀核心素养的落实。

课堂上教师的示范对于学生的理解模仿有很大的帮助,因而教师要进一步夯实自己的史学理论基础,提升历史学科的核心素养,强化自己的思想方法体系。《普通高中历史课程标准(2017年版2020年修订)》重点突出历史学科核心素养,凸显出对学生的核心素养培育的重视,而且列出了高中历史学科所要培育与提高的五大核心素养。将史学思想方法教学运用融入新课标新课改中,有助于通过理论梳理与整合,找到两者的结合点,进一步实现学生历史思维能力与学习方法的全面提升。

五、活动设计问卷分析

在"双新"课程的指引下,在统编新教材的实施推进中,中学历史学科对五大核心素养作出了明确的规定,也提供了一些示范的例子。在本项目实践过程中,为了提升课堂教与学的效率,有效设计学生学习活动,使教学环节承上启下、教学过程环环相扣、教学目标有效达成,笔者设计了一份关于文学作品在历史课堂运用现状的学生问卷,搜集并了解目前存在的问题以及今后解决这些问题的路径。

此次问卷面向我校高中三个年级,共收回345份有效问卷。调查对象中,男生比例占53.6%,男女比例接近。

基于文学作品在历史课堂运用的教学实际,教师在备课时需要充分考虑学生学情,对课程标准与教材文本进行解读,结合单元教学建议与计划,开展有针对性的、符合学情的问题式与启发式的教学。任务单或者问题单的设计是有效途径之一,其中概括和梳理了本课重难点,通过问题设计激发学生兴趣。所以在问卷中,课题组设计了相关问题。从反馈看,有接近81%的学生在历史课上拿到过任务单或问题单,便于本课学习和课后复习。有92.52%的学生认为这样的任务单有助于学习效率的提升,也有利于更好地掌握课堂知识点。从这两道题的反馈数据看,学生乐于接受这样一种问题教学的方式。

就教师设计的课堂提问类型而言,关于学史方法所占比例最高,为87.53%,这说明我们教师结合市教研室的要求,在史学思想方法方面花了一定的工夫,力求课堂达到释史求通、叙史见人的目标。其次,知识点的巩固与延伸思维方向的问题占比相当,都是60%多,这也说明我们的课堂关注学生的知识积累与思维拓展,落实学生的学科核心素养,使学生们从学史的过程中,领悟世界文明的发展变革,感受中华民族的历史变迁,用素材、释史料、读历史、悟思考。但教师对学生兴趣爱好方面的问题思考还不够。兴趣既会让学生学习历史更加愉悦和轻松,也会让课堂更加具有活力。所以从这一点来看,要在课堂上结合文学作品来叙述历史,还需要在课堂的提问和设计上进一步契合学生的兴趣爱好。这值得教师们进一步思考。

从学生学的角度而言,我们调查发现,一堂课的提问环节以及学习活动的设计会直接影响学生的学习兴趣和逻辑思考能力。在魏晋南北朝单元教学过程中,穿插文学作品的教学方式或许会对学生产生较大的积极作用。有84.34％的学生认为，课堂中加入他们学过的一些文学作品内容或者问题设计，会对自身学习有一定的帮助。

高一的学生刚刚进入高中历史学习阶段，还没有掌握方法，学习经历还不够丰富。而魏晋南北朝这一单元恰恰是学生进入高中学习历史一个月左右就会接触到的内容。把握单元的核心及重难点，穿插文学作品与历史之间的关联，设计一些有针对性、启发性、难易适中的问题，这样就能明确历史教学重点，避免教学中的盲目性和随意性。此外，问题的设计还要遵循举一反三、触类旁通的原则，学生如果只解决一个问题，却不能完成问题的辩证思考，这并不是我们想要的历史教学思维拓展和延伸的效果。在"双新"课程的背景下，我们要达到思维的拓展和延伸，让学生学会举一反三，这才是我们落实历史学科核心素养的真正意义所在。

文学作品运用于课堂，不仅可以有效激发学生的问题探究意识，让学生的学史积极性提高，也可以活跃课堂氛围和拓展学生的思维，进一步落实学科核心素养。文学作品有其独特的魅力和吸引力，作者可以通过丰富的表现形式，以各种体裁、修辞，将简单的事情叙述得跌宕起伏，将静态的景物描绘得栩栩如生，将主人公的内心世界刻画得淋漓尽致。因此，将文学作品引入中学历史课堂，不仅有助于以文学的趣味盎然来弥补历史史料的烦琐枯燥，还有利于中学生对历史知识的记忆和掌握，也有助于提高学生的历史思维能力和理解表达历史信息的能力。

高中历史课堂教学需要文学作品，不管是从新版的课程标准层面，基于对历史学科核心素养的培养，还是从实际课堂教学效果层面出发，对学生兴趣的激发、历史思维的培养和师生素养共同发展，我们都需要将文史结合提上历史教学的议程。魏晋隋唐时期又是文学作品达到一个新的阶段的重要历史时期，不同载体、不同形式、不同风格的文学作品为我们还原和了解那一段逝去的历史有着重要的历史意义。中学历史教学中文学作品的应用有着不可忽视的价值和作用，除了契合新版高中历史课标中培养学生的理念，能够有效培养学生对于历史的学习动机以外，还能提高分析并解决历史问题的能力，以及促进"教学相长"的实现。

一些文学作品语言生动，描绘具体形象，富有强大的艺术表现力和感染力，是对历史活动的生动再现。历史教师在中学历史教学中积极运用文学艺术作品，可使历史课堂更加生动、有活力，且更能激发学生学习历史的热情。但同时，把文学作品引入中学历史教学，就需要关注它的史料价值，有许多文学艺术作品不是直言历史上的人或事，不能直接说明具体的史实，这就需要教师进行对材料的解读和对方法的示范，在精选材料之后展开教学，有针对性地进行问题设计，引出史学思想方法的内涵。只有将契合历史教学需要的文学知识内容引入，历史教学才能够真正相得益彰，发挥二者结合的作用，进一步让学生理解文学作品证史价值和基本路径。

任务驱动下变"教"室为"学"堂

——以《中外历史纲要(上)》第二单元为例

上海市新中高级中学/谭爱华 李 伟 孙子依

一、问题的提出

自从 2019 年末《中国高考评价体系》与《中国高考评价体系说明》面世以来,"一核""四层""四翼"即成为统摄新高考核心功能、考查内容与考查要求的"新尺度",助推中国高考向"素养立意"的新时代迈进。在《中国高考历史评价体系》中,学科素养是考查理念和总体要求,是关键能力的理论基础;关键能力是学科素养的细化,是学科素养的具体体现。

如何落实学科核心素养?《普通高中历史课程标准(2017 年版 2020 年修订)》(以下简称"课程标准")给出了明确的方向,即"只有通过以学生为主体的活动,在做中学,进行自主学习、合作学习、探究学习,在认识历史的过程中联系和运用知识,掌握探究历史的方法和技能,逐步学会全面、发展、辩证、客观地看待和论证历史问题,才能使学生的核心素养得以提升和发展"。[①] 课程标准用"只有……才能……"的句式强调了学生"在做中学,进行自主学习、合作学习和探究学习"的重要性,因为只有这样才能真正改变传统的教学方式,才能对历史问题进行深入探究,从而使学生的学习从知识的认知上升到解决具体问题的核心素养的发展。

那么,如何做到"做中学,进行自主学习、合作学习和探究学习"? 我们认为,任务驱动式教学是落实历史学科核心素养颇为有效的路径之一。任务驱动式教学是指学生在教师的指导下,紧紧围绕一个或多个任务进行自主探究或互动协作,通过最终解决问题来达成教学目标的学习实践活动。[②] 由此可见,任务驱动式教学可以有效落实新课程教学方式变革的理念,它以任务为主线,以学生为主体,以教师为引导,通过呈现任务、自主学习、完成任务等主要环节,努力营造适合学生学习的课堂氛围,使学生在做中学,逐步掌握学习探究的方法,最终实现历史课程教学方式的变革。任务驱动式教学在不少学科教学中都有实践和运用,但是教师们对任务驱动的认识还存在着一些差异。有的教师认为任务驱动只是课堂上给学生安排与课堂教学内容有关的学习任务,只要布置了学习"任务",学生就会被"驱动"起来。这恐怕是对任务驱动式教学的不完全解读。随着"双新"教育改革的全面展开,中学历史教师参加了各级各类培训,在各种研修培训中,情境教学成了热词之一。现今可能没有历史教师会承认自己的课堂没有创设情境。然而通过创设情境呈现任务的课堂就能受到学生的青睐吗?

---

① 中华人民共和国教育部:《普通高中历史课程标准(2017 年版 2020 年修订)》,北京:人民教育出版社,2020 年,第 50 页。

② 黄牧航、张庆海:《中学历史学科核心素养的教学与评价》,北京:人民教育出版社,2020 年,第 181 页。

现代学习理论告诉我们,当一个新学习任务出现时,人的第一反应不是马上去获取信息、去分析研究。换而言之,人们通常不会马上开启自己的认知系统进行信息的处理和加工,而是先要进行"自我系统"的判断,由自我系统决定是否参与、介入这个新任务。此时,自我系统会关注以下问题:"新任务有趣吗,对我来说重要吗? 任务难吗,我能上手做吗?"只有当这些问题得到肯定的答案后,自我系统才会开启,人们才会决定去参与任务。可见,自我系统没有开启,学习就不会发生。要激发学生开启自我系统,就必须进行一番"别有用心"的设计。对教师而言,设计出学生乐于去完成的学习任务,是提升和发展学生核心素养的重要途径。对于长期浸淫在传统教学中舒适多年的"老"教师而言,这或许比自己头头是道地讲完一堂课要困难得多。本文以《中外历史纲要(上)》第二单元"三国两晋南北朝的民族交融与隋唐统一多民族封建国家的发展"为例,以满足学生的兴趣及需求为"入口",以培养学生核心素养为"出口",尝试任务驱动下如何变"教"室为"学"堂,对教—学—评方式的转变展开积极探索。

二、策略与流程

(一)建构历史逻辑,提炼关键问题,把握任务驱动大方向

学科逻辑包含了两个科学概念:一是学科知识本身的科学逻辑;二是学科认知规律的科学逻辑,即教学过程首先反映真实的、科学的知识,其次以符合科学规律的方式展开。课程标准对必修教程的内容要求设定为:通过学习,学生应了解和掌握唯物史观的基本观点,体会唯物史观的科学性,理解不同时空条件下历史的延续、变迁与发展,学习史料实证的基本方法,能够在此基础上对历史作出正确的解释;深化对中华民族多元一体发展趋势的认识。[①]学生通过学习中国古代史应该深化对中华民族多元一体发展趋势的认识。课程标准对本单元的内容要求明确指出:通过了解三国两晋南北朝政权更迭的历史脉络,隋唐时期封建社会的高度繁荣,认识三国两晋南北朝至隋唐时期的制度变化与创新、民族交融、区域开发和思想文化领域的新成就。单元导语用"首屈一指"来形容隋唐时期中华文明在世界范围内的地位。因此,三国两晋南北朝的政权更迭与民族交融可以理解为成就隋唐时期中华文明"首屈一指"的必由之路。基于上述理解,本单元四课内容之间的逻辑可以梳理为:三国两晋南北朝是中国古代大动荡、大分裂、大交融的时期,汉族与内迁边疆民族之间的交锋、交往、交融,为中华文明的发展、隋唐的统一与繁荣奠定了基础;在北朝基础上进行的隋唐时期制度的变化和创新,又进一步巩固了统一多民族国家,促进了在综合国力、疆域拓展、经济发展、民族往来、对外交往、思想文化等领域的繁荣。然而,中晚唐的衰退与五代十国的动荡,正是国家治理未能适应日趋扩展的疆域的表现,统一多民族国家再度破碎。综合上述分析,本单元主题确定为"三国两晋南北朝至隋唐五代统一多民族封建国家的发展",围绕该主题,提出每课的关键问题(见表1)。

---

① 中华人民共和国教育部:《普通高中历史课程标准(2017年版2020年修订)》,北京:人民教育出版社,2020年,第12页。

表1　"三国两晋南北朝至隋唐五代统一多民族封建国家的发展"每课关键问题

课　题	关　键　问　题
第5课　三国两晋南北朝的政权更迭与民族交融	三国两晋南北朝时期的民族交融是如何推动统一多民族封建国家发展的？
第6课　从隋唐盛世到五代十国	隋唐治世与盛世危机下统一多民族国家的发展和走向如何？
第7课　隋唐制度的变化与创新	隋唐制度的变化与创新是如何巩固统一多民族国家发展的？
第8课　三国至隋唐的文化	在三国至隋唐文化中探寻统一多民族国家发展的印迹

（二）分解学习任务，结合学习起点，定位核心素养小目标

在厘清本单元历史逻辑的基础上建构教学逻辑，分解学习任务（见表2）。

表2　"三国两晋南北朝至隋唐五代统一多民族封建国家的发展"每课学习任务

课　题	分解学习任务
第5课　三国两晋南北朝的政权更迭与民族交融	三国两晋南北朝时期的政权如何更迭？游牧民族为何内迁？民族交融的途径、表现、特点及影响是什么？
第6课　从隋唐盛世到五代十国	隋唐治世是如何推动统一多民族国家发展的？唐朝转向衰落对统一多民族国家发展的走向有何影响？
第7课　隋唐制度的变化与创新	隋唐制度有何变化与创新？制度的变化与创新是如何巩固统一多民族国家发展的？
第8课　三国至隋唐的文化	三国至隋唐时期有哪些重要的文化成就？这些文化是如何反映统一多民族国家发展的轨迹的？

教师要充分了解学生起点。经过初中历史学习，学生已经拥有了哪些知识储备，达到了怎样的核心素养水平层级，并据此设计高中教学。因此，对初中课程标准和教材进行分析显得尤为重要。

从初高中课程标准的对比（见表3）和教材内容的对比（见表4）可知，总体而言，初高中的教学内容既有联系又有区别，既有重合也有新增。初中教学注重历史发展的过程，对史实的叙述比较具体详细，突出趣味性，兼顾历史发生的基本背景原因及影响；高中教学在初中基础上更加注重广度和深度，对许多历史过程点到为止，更加注重分析，侧重认识历史发生的背景原因及影响，体现历史发展的大脉络。

表3　初高中历史课程标准对比

初中课程标准 内容要求	通过了解三国两晋南北朝时期的政权更迭和北魏孝文帝改革、人口迁徙和区域开发,认识这一时期民族交往交流交融的历史特点及其对中华民族发展的意义;通过了解这一时期的科技和艺术成就,如祖冲之的数学成就,认识传统文化的继承与创新 通过了解隋朝的兴亡、"贞观之治"与"开元盛世",知道隋朝速亡和唐朝兴盛的原因;了解科举制度创建、大运河开通、文成公主入藏、鉴真东渡、玄奘西行等史事,从制度、经济、文学艺术、民族交往、中外文化交流等方面认识隋唐王朝在世界历史上的重要地位;通过了解"安史之乱"后藩镇割据和五代十国的局面,认识唐末五代的社会危机
高中课程标准 内容要求	通过了解三国两晋南北朝政权更迭的历史脉络,隋唐时期封建社会的高度繁荣,认识三国两晋南北朝至隋唐时期的制度变化与创新、民族交融、区域开发和思想文化领域的新成就

表4　初高中教材所涉三国两晋南北朝至隋唐五代内容对比

高　中　教　材	初中教材涉及子目	初高中重合内容	高中新增内容
第5课　三国两晋南北朝的政权更迭与民族交融	官渡之战、赤壁之战、三国鼎立、西晋的建立、八王之乱、北方游牧民族内迁、江南地区的开发、淝水之战、北魏孝文帝改革、民族交融	三国与西晋、北方少数民族内迁、东晋与南朝、江南开发、淝水之战、孝文帝改革、民族交融	南方山区少数民族与汉族交融
第6课　从隋唐盛世到五代十国	隋的统一、开通大运河、隋朝灭亡、贞观之治、武则天、开元盛世、盛唐繁荣的经济、民族交往与交融、开放的社会风气、安史之乱、黄巢起义与唐朝灭亡、五代十国	隋朝兴亡、贞观之治、武则天、开元盛世、民族交融、安史之乱、黄巢起义与唐朝灭亡、五代十国	无
第7课　隋唐制度的变化与创新	科举制、三省六部制(简单提及)	科举制	三省六部制、赋税制度
第8课　三国至隋唐的文化	贾思勰和《齐民要术》、祖冲之、书法绘画与雕塑、道教和佛教、多彩的文学艺术、遣唐使和鉴真东渡、唐与新罗、玄奘西行	贾思勰和《齐民要术》、祖冲之、书法绘画与雕塑、文学艺术、遣唐使和鉴真东渡、唐与新罗、玄奘西行	儒学、道教与佛教的发展,隋唐科学技术的发展

　　通过对初中课程标准内容要求和教材比对,结合初中学业质量水平分析,可以了解学生的知识储备和素养水平的"应然",进而定位核心素养目标(见表5)。

表5　"三国两晋南北朝至隋唐五代统一多民族国家的发展"核心素养定位

核心素养	水平层级	内　容　描　述	对应学习内容	备　注
唯物史观	水平1.2	能够了解和掌握唯物史观的基本观点和方法,理解唯物史观是科学的历史观	统一多民族国家的发展历程;社会变迁对艺术的影响作用;传统思想对科技发展的重要影响	在教学过程中自然渗透

续　表

核心素养	水平层级	内 容 描 述	对应学习内容	备　注
时空观念	水平2	能够将某一史事定位在特定的时间和空间框架下	三国两晋南北朝的政权更迭，游牧民族内迁的背景，儒、佛、道的思想特点及社会地位的变化	初中已达成，故而非重点
		能够利用历史年表、历史地图等方式对相关史事加以描述		
		能够认识事物发生的来龙去脉，理解空间和环境因素对认识历史与现实的重要性		重点
史料实证	水平1	在解答某一历史问题时，能够尝试从多种渠道获取与该问题相关的史料	魏晋南北朝时期民族交融的表现	初中已达成，故而非重点
		能够从所获得的材料中提取有关的信息		
	水平2	在对史实与现实问题进行论述的过程中，能够尝试运用史料作为证据论证自己的观点	三国至隋唐时期文化成就是如何反映统一多民族国家发展的？	重点
历史解释	水平1	能够辨别教科书和教学中的历史解释；能够发现这些历史解释与以往所知历史解释的异同；能够对所学内容中的历史结论加以分析	游牧生活	初中已达成，故而非重点
	水平2	能够选择、组织和运用相关史料并使用相关历史术语，对个别或系列史事提出自己的解释	三国两晋南北朝时期游牧民族内迁的背景，民族交融的途径和表现，两税法，三国两晋南北朝时期文学艺术以及科学技术的变化特征	重点
		能够在历史叙述中将史实描述与历史解释结合起来		
		能够尝试从历史的角度解释现实问题		
	水平3	能够分辨不同的历史解释；尝试从来源、性质和目的等多方面说明导致这些不同解释的原因，并加以评析	两税法，不同史家对隋朝（包括隋炀帝）评价的异同及原因，对唐朝中后期构建与维系"唐代盛世"的认识	重点
家国情怀	水平1.2	能够具有对民族、国家的认同感	整个单元	在教学过程中自然渗透
	水平3.4	能够把握中华民族多元一体的发展趋势		

五大核心素养在落实的过程中各有侧重,但不可能断然分离。比如,在实际教学中史料实证与历史解释并不能完全割裂;历史解释离不开时空观念和史料实证;史料实证中包含着历史解释;唯物史观是认识和解释历史的科学方法和理论依据;家国情怀的涵养也不能刻意为之,为"情怀"而"情怀",而是应在教学过程中润物无声、水到渠成。故而核心素养的涵育其实是一个整体,不可能完全做到壁垒分明。由于有些素养在初中已经基本达成,在高中教学中就不作为重点培育内容,因此学科素养的培育重心主要集中在时空观念、史料实证、历史解释三个素养的水平 2 层级。

(三) 设计学习活动,组织评价反馈,延展任务驱动高效能

有学者指出,任务的设计主要包含五个要素:"一是任务形态上,任务有完整的结构、必要的体量、真实的来源;二是任务对学生有吸引力、挑战性和适切性;三是任务的解决蕴含知识、能力和学习;四是任务的解决有助于培养学生的思维方式和行为方式;五是任务的解决有社会进步意义,有助于培养责任感,满足成就感。"[1]在任务驱动所有的要素中,能够让学生真正愿意投入课堂心甘情愿去解决任务是任务设计中的重要一环。怎样才能做到"任务对学生有吸引力、挑战性和适切性"呢?根据青少年心理特征,在思维疑点处、两相矛盾处以及动手动脑处做文章,这样的"任务"对学生而言更易被"驱动",进而在不知不觉中完成教学目标。

在学生完成任务期间,教师必须时时跟进,密切关注学生在完成任务过程中的实际表现,包括在材料的收集、选择、解读、阐释等环节中的实况。在学生出现问题时可以适当地加以点拨或提供帮助,比如在某些小组出现明显困难的情况下教师也可以给学生推荐一些书目或者适当提供某些史料等。当然,也要时时关注学生在完成任务过程中出现的困惑、矛盾、争论等,这些课堂生成或许就是提升能力、培养思维的天赐良机。

《课程标准》明确指出,"将教学目标、教学内容、教学过程及教学评价等聚焦于培养和发展学生的历史学科核心素养"[2],"注重评价目标与教学目标的一致性,尽可能使教学和评价围绕学生学习这一中心展开,使教、学、评相互促进"[3],等等。学生所呈现的作品作为终结性作业自然反映了学生在这些方面掌握的情况和体现的水平,但是如果仅由教师单一的批阅赋分,那么它的作用将大大降低。新课改在原有的教学评价理念"以学生发展为本"基础上,将评价标准进一步提炼为"发展学生的历史学科核心素养"。换言之,无论以何种方式对学生进行学习评价,都要立足学生所具有的历史学科核心素养水平,对学生学习过程进行评价。这就要求教师在设置评价任务时,根据课程标准的教学目标与学业质量水平来进行整合,以更好地形成对学生学习成果的全面评价,帮助学生找出与应达到的学业质量水平的差距,以评促教,促进学生的全面发展。

因此,在完成围绕主题进行史料的搜集、选择、解读、阐释以及任务实施表的填写后进行展示与分享,并根据评价量规完成评价表的打分。至此,学生的学习活动才告结束。

综上,高中历史任务驱动式教学的一般步骤可见图 1:

① 蔡建明:《任务设计的课程基点与关键要素》,《教育研究与评论(中学教育教学)》2020 年第 8 期。
② 中华人民共和国教育部:《普通高中历史课程标准(2017 年版 2020 年修订)》,北京:人民教育出版社,2020 年,第 44 页。
③ 中华人民共和国教育部:《普通高中历史课程标准(2017 年版 2020 年修订)》,北京:人民教育出版社,2020 年,第 56—57 页。

图1　高中历史任务驱动式教学的一般步骤

···················· 三、案例设计 ····················

（一）案例一：三国两晋南北朝的政权更迭与民族交融

1. 学习活动设计策略

（1）对标初高中课标和教材，确定内容主旨和素养目标

根据课程标准对本单元的内容要求，本课要落实的学习要点是：通过三国两晋南北朝政权更迭的历史脉络，认识三国两晋南北朝时期民族交融和区域开发。据此，本课教学重点确定为三国两晋南北朝时期的民族交融。

对比本课的初高中课程标准要求可知，教学最终的落脚点都是三国两晋南北朝时期的民族交融对中华民族共同体的形成意义重大，但高中课程标准"深化对中华民族多元一体发展趋势的认识"更是将这一学习要求指向深度学习。通过聚焦多民族共存、互动、交融，以及由此逐渐形成的中华民族多元一体的格局，共同推进统一多民族国家形成与发展的视角，认识国家统一和民族团结是中国历史发展的重要基石，从中深刻体悟家国情怀的内涵，牢固树立中华民族休戚与共的历史使命。

从教材内容可知，初中教材更加关注魏晋南北朝政权的沿革，对重要历史事件进行重点描述，更加关注民族交融的表现。当然，考虑到学生的年龄特征、学习能力和思维层次，初中教材更多的是描述现象，在分析原因和勾连影响方面着墨不多。高中教材的内容在初中几乎都已述及，唯独南方的民族交融并未提及，即便提到"江南地区的开发"，也没有涉及少数民族问题；而高中教材在提到南方经济发展的同时，提到"在江南开发的过程中，许多山区的少数民族也逐步与汉族交融"，虽然只有寥寥数语，但是对三国两晋南北朝时期的民族交融完成了整体的勾勒。伴随着北方少数民族内迁和汉族南迁，草原—中原—江南三大经济文化区域相遇，民族交流、交往、交融的新时代开启。因此，在探究三国两晋南北朝的民族交融时，需对江南地区的民族交融有所涉猎。当然，三国两晋南北朝时期的民族交融主要是北方民族交融，而且左右历史走向的主要是北方政权，故而以此为教学重点。

从教材结构来看，虽然三国两晋南北朝独立成课，但是它承接前一课大一统的秦汉，又为后一课隋唐再统一奠基。因此在学习时就需要注意将这两个时段联系起来考量。隋唐盛世在很大程度上是三国两晋南北朝民族交融的结果，正是汉民族与少数民族双向交融所形成的凝聚力，推动了统一多民族国家的扩容发展。

综合以上理解,高中教学要考虑如何使学生在已经具备了一定的知识和能力储备的基础上学出新意,体悟深意,在看似一样的历史学习中获得不一样的感悟。由此本课的内容主旨设定为:三国两晋南北朝战火连绵、政局动荡,给人民带来灾难的同时,也推动了少数民族与汉族的多元交流。在杰出人物和普通民众的共同努力下,民族交融成为突出的时代特征,也客观上推动了南方经济的开发,为隋唐实现再统一奠定了基础,推动了统一多民族封建国家的发展。本课学习落实学生核心素养的培育具体如下(见表6)。

表6 "三国两晋南北朝的政权更迭与民族交融"核心素养定位

核心素养	水平层级	具 体 表 述
时空观念	水平2	能够将历史事件定位在三国两晋南北朝的时空框架下,能够利用历史地图等对三国两晋南北朝的相关史事加以描述,能够理解空间和环境因素对认识游牧民族内迁的重要性
史料实证	水平2	能够在探究三国两晋南北朝时期民族交融时,自主地搜集史料并对史料进行整理和辨析,尝试运用史料作为证据论证自己的观点
历史解释	水平2	能够选择、组织和运用相关史料并使用相关历史术语,在正确的历史观和方法论的指导下,对三国两晋南北朝时期的民族交融做出解释;能够尝试从历史的角度解释今天中华民族多元一体的格局
唯物史观	水平2.3	能够知道人类物质生活资料的生产是社会生活的基础,当游牧民族的物质资料生产出现危机时,便成为游牧民族进入农耕民族的一大动因,理解影响历史进程的因素众多,地理因素不能说是主导因素,却是不可忽视的。主导历史的始终是人,人民群众在历史发展中的重要作用
家国情怀	水平2	认识国家统一和民族团结是中国历史发展的重要基石,从中深刻体悟家国情怀的内涵,牢固树立中华民族休戚与共的历史使命感

(2) 在专业阅读中建构逻辑,突破重难点,助力核心素养的涵育

本课要突破的第一个难点是:游牧民族为何会舍家弃土大规模内迁? 其内在的逻辑是什么? 通过对王明珂《游牧者的抉择:面对汉帝国的北亚游牧部族》、吕思勉《中国通史》等学术著作的阅读可知,相对于农业生产来说,游牧经济本身就是一种单位土地产值相当低的生产方式。草原地区所能承载的人口只是农耕地区的十分之一,游牧族群必须从中原获取粮食、茶叶、丝麻织品以维持生存和开展贸易。中原对周边族群强大的吸引力之一是先进的农业和手工业。游牧经济这种先天的不稳定偏偏在汉末魏晋时期遭遇了恶劣的气候。汉末魏晋南北朝时期气温进入了寒冷期,气候的变迁导致环境的恶化,草地不断地缩小。不断减小的草场与持续增长的人口之间的矛盾愈来愈突出。游牧民族为了生存,必然争抢资源,其结果便是胜利者获得资源,而失败者则被迫迁徙去寻找新的聚居地。中原地区水土资源好,利于耕种,气候宜人,远比边地适合生产与生活,因而必然招致窥伺者。

而此时如果汉人政权正处于衰落期,人口大迁徙便成燎原之势。三国两晋南北朝时期的人口

大迁徙正是其写照。东汉时期中原王朝已显露出衰退与变化的征兆,豪强地主凭借其强横的经济实力割据一方,严重削弱中央政府对地方的控制能力。西晋代魏而来,又不像其他王朝更迭一般经历过大规模的战争,将旧王朝顽固腐朽之气涤荡清除,因而西晋建立之初便无新王朝新气象可言,腐朽之风从始至终愈发不可收拾。时至西晋末年,发生"八王之乱",八王为了争权夺利纷纷招引少数民族入伍为已所用,最终促使西晋王朝灭亡、中原王朝南迁,北方成了少数民族统治者的天下。在征发少数民族为兵后,汉族统治者又往往不能妥善处理与他们的关系,经常苛待歧视他们,致使少数民族举兵反叛,政权终被颠覆。

综上,少数民族的内迁是由多方面原因造成的。一方面,游牧民族的生产力发展水平本来就比农耕民族落后,再加上气候趋向恶劣、冰期的来临,使得这一时期的北边游牧民族生存环境持续恶化,不得不向更温暖适宜的南方迁徙。另一方面,中原王朝的强制征徙、持续战乱与衰落,以及大量使用少数民族兵等因素,使得周边游牧民族有了可乘之机。由此可见,地理气候和生态环境变迁等自然因素对历史演变进程的影响是不可忽视的力量,它们与社会经济、政治、军事、文化等因素一起相互激荡,共同推动中国历史向前发展。

本课要突破的第二个问题既是重点又是难点:三国两晋南北朝时期初现民族大交融背后的根本推力是什么? 在这所有的因素中,最重要的因素是人。拉铁摩尔认为,气候变化可能正好契合或能增长社会变迁,但更基本的变迁因素在于人类社会利用边缘环境的选择与创造能力。游牧民族内迁固然有气候变迁环境恶化的因素,但人们在此环境变迁时所作出的选择与创造力是不容否定的。个人或群体为了追求安定、有保障的生活突破环境、经济、生态、社会组织等种种边界的抉择力和行动力逐渐改变着历史本来的面相。正是在这样的生存动机和行动抉择下,从东汉末开始的一波又一波的民族大迁徙,如汹涌的浪涛驱赶着人类历史滚滚向前,所以,行动着的人民群众是历史前行的力量。

(3) 与初中教材进行勾连,为任务驱动寻找切入口和突破口

初中教材是学生已经熟悉的教材文本,从学生熟悉的教材入手可以使接下来的任务探究自然而然地开展,减少学生的抵触与畏难情绪,为缓解后续教材与论著中的冲突与矛盾作铺垫。

比如,初中教材中曾塑造了草原生活美好的一面:天空是青苍蔚蓝的颜色,草原无边无际,茫茫一片。风儿吹过,牧草低伏,显露出原来隐没于草丛中的众多牛羊。然而牧民的生活永远是这么美好的吗? 若真是这样,那么怎么解释游牧民族舍家弃土大规模内迁的举动呢? 高中教学中可以以此为突破口,在学术论著中寻找相关史料作为"支架",对游牧民族内迁的缘由进行探究,并在探究中初步了解从唯物史观层面解释游牧民族内迁的缘由。

2. 学习活动过程

【学习任务一】探究"魏晋南北朝时期北方游牧民族内迁的背景"

(1) 根据东汉至隋朝疆域图完成三国两晋南北朝政权更迭示意图的填写。(地图参阅《初中历史地图册》)

(2) 根据材料提示在地图中画出北方游牧民族内迁路线图。

东汉、魏晋时期,我国北方的游牧民族不断内迁。原来生活在西北的氐族和羌族由西向东迁入陕西关中,分布在蒙古草原上的匈奴族和羯族由北向南迁到山西一带,而鲜卑族有一部分迁到

辽宁,有一部分迁到陕西及河套地区。

——《中国历史》第一册第 17 课《西晋的统一和北方各族的内迁》

初中教材对北方游牧民族内迁路线进行了概括性的描述,高中可以在此基础上提高要求,要求学生根据初中教材的这段描述在教材《西晋内迁少数民族分布图》上画出北方游牧民族内迁路线图,实现游牧民族内迁路径可视化。

设计意图:选取初中教材创设情境,学生会感到亲切,减少畏难情绪。初中学习时学生已经对游牧民族内迁的史实有所了解,但是具体是哪些民族及其内迁的方向和目的地并不清晰,通过要求学生根据初中教材画出北方游牧民族内迁路线图,既体现初高中内容的无缝衔接,又能使学生将游牧民族的迁徙定位在特定的时间和空间框架下,落实时空观念的培养。

【学习任务二】探究游牧民族内迁的缘由

首先,出示来自初中教材中的一段描述:

我国北方广袤无垠的草原,养育了北方游牧民族。他们在水草丰茂的草原上放养马、牛、羊等牲畜,过着逐水草而居的游牧生活。"天苍苍,野茫茫,风吹草低见牛羊",就是他们生活的生动写照。

——《中国历史》第一册第 17 课《西晋的统一和北方各族的内迁》

"天苍苍,野茫茫,风吹草低见牛羊",就是他们生活的生动写照。我们来想象一下这样的生活:天空是青苍蔚蓝的颜色,草原无边无际,一片茫茫。风儿吹过,牧草低伏,显露出原来隐没于草丛中的众多牛羊。然而牧民的生活永远是这么美好吗? 如果真是这样,那么怎么解释游牧民族舍家弃土大规模内迁的举动呢?(出示四则史料)根据材料尝试回答:三国两晋南北朝时期何以会出现游牧民族内迁的高潮?

材料一:

在中国农业精华地区,不到一亩地便能养活一个五口之家。在较贫瘠的山地,如川西羌族地区,约要 6 至 10 余亩地才能养活这样的家庭。然而在当前内蒙古的新巴尔虎右旗,20 亩地才能养一只羊,至少要 300—400 头羊才能供养一个五口之家。

——王明珂:《游牧者的抉择:面对汉帝国的北亚游牧部族》

材料二:

表 7　历代游牧民族南迁相对应的寒冷期

朝　　代	游 牧 民 族	寒 冷 期
西周	犬戎	公元前 1000 年左右的寒冷期
东汉魏晋南北朝	鲜卑	100 至 500 年的寒冷期
北宋南宋	契丹、女真	1100 至 1200 年的寒冷期
明末清初	瓦剌、鞑靼、女真	"明清宇宙时期"

——蓝勇:《从天地生综合研究角度看中华文明东移南迁的原因》

材料三：

汉魏时期，(怕被蜀汉利用)，中原王朝对氐族采取了频繁的大规模的掠夺粮食和迁徙人口的政策，仅曹魏对其进行的掠徙就多达6次以上……西晋元康中(公元296年)，氐族首领齐万年造反，关西一带兵荒马乱，又加上连年饥荒，流亡到汉川的百姓达到了数万户。西晋太安元年(公元302年)，李特领导流民起义和氐人大规模迁徙，流亡人数多达数十万人。

——黄赤：《浅论魏晋南北朝时期北方少数民族内迁原因及"胡文化"与"汉文化"的融合》

材料四：

国家的强弱，固不尽系乎兵，然若多数人民都受过相当军事的训练，到缓急之际，所表见出来的抵抗力，是不可轻侮的。后汉以来，此条件业经丧失，反因贪一时便利之故，多用降伏的异族为兵，兵权倒持在异族手里……

——吕思勉：《中国通史》

设计意图：以地理环境气候因素作为切入口，使学生理解三国两晋南北朝时期的游牧民族大迁徙是多种因素共同作用的结果，其中地理环境气候因素与人类历史的发展存在一定的关系。而游牧民族的物质生活资料的生产的匮乏是导致其迁徙的根本动因，"游牧"，从最基本的层面来说，是农业资源匮乏的边缘环境下，人类的一种经济生产方式。相对于农业生产来说，这是一种单位土地产值相当低的生产方式。如果再遇上恶劣的气候导致草原不再丰美，那么牧民将何以为生？与初中学生相比，高中学生已经渐渐形成理性思维，能够在教师引导下分析游牧民族生活的内在本质，从而对游牧民族何以内迁的根本动因有一个初步感受。以此渗透唯物史观——人类物质生活资料的生产是社会生活的基础。

【学习任务三】探究魏晋南北朝时期民族交融的样貌和影响

教师设置人口迁徙与民间互动、战争中的冲突与交融、统治者自上而下的改革三个主题，学生从中选择一个主题，小组分工合作，搜集史料，解读史料并得出相应的结论。

在本环节"探究魏晋南北朝时期民族交融的样貌和影响"时，教师先结合地图简单讲述北方游牧民族的内迁以及中原战乱等因素推动中原汉人南迁，进而使学生了解三国两晋南北朝时期的民族交融不仅出现在北方，而且延伸至南方。

然后学生分组，选择主题，根据主题通过图书馆资源、中国知网等网络搜索查阅文献，完成相关史料的搜集，并选择契合主题的典型史料进行解读和阐释，同时完成任务实施表的填写。

表8　小组分工

组　别	名　单	任务分工
1		人口迁徙与民间互动
2		战争中的冲突与交融
3		统治者自上而下改革

表9 任务实施

任务				
序号	资料摘录	资料出处	主要内容	相应结论
总结				
感悟	(可以谈谈取证心得或者反思等)			

在学生搜集资料并进行解读的过程中,为了避免搜集的史料文不对题,造成课堂上最终利用史料进行解读和阐释的低效,教师可以时时跟进,掌握学生的进度和效度。当然,根据学生完成任务的能力,在某些小组出现明显困难的情况下,教师也可以给学生推荐一些书目或者适当提供某些史料来做参考。

接着,学生展示与分享,师生根据评价量规完成评价表的打分。

表10 评价表

评价角度	评价项目	活动二评分(每项10分)		
		自评	互评	教师评价
主题与内容	内容是否紧扣主题开展			
	内容是否能够充分说明主题			
材料与证据	说明观点的材料是否典型、有效			
	引用材料是否严谨规范、来源广泛			
倾听与表达	能否认真倾听其他组员的观点			
	内容的组织与表达是否得当流畅			

如果学生已经在结论部分得出相关结论,那么教师就可以顺势过渡。如果学生没有得出相关结论,教师顺势引导:① 在这么多史料中,你们看到是哪些力量在推动民族的交融? ② 除了统治者的身影外,你们还看到了谁? ③ 此时的民族交融呈现出怎样的特征?

教师进一步追问:比较汉朝与唐朝疆域图的变化——变化的只是疆域吗? 你们还看到了哪些变化?

释义:三国两晋南北朝时期,民族交融的主要方式或路径有战争、人口迁徙、民间友好互动、统治者的改革等。综合来说,一种是自下而上因经济文化互动而实现的交融,另一种是自上而下以政治军事手段推行的交融。民族交融表现出双向交融,互相影响,你中有我、我中有你的主要特征。内迁少数民族被汉化是主流趋势,但游牧民族的军事组织和生活习俗也影响着汉人。

在长达 400 年左右的民族交融的过程中,改革家的作为顺应并推动了民族交融的大趋势,如刘曜、苻坚、孝文帝等统治者的汉化改革政策。至南北朝后期,少数民族与汉族的融合程度已经很深了。

当然,在这漫长的过程中,也应该看到民族间多次的冲突、仇杀和战争,造成双方生命财产的巨大损失,使经济和文化的发展一度受到破坏和倒退,但客观上促进了民族交融。在受到冲击时,农耕世界虽然在军事上处于劣势,但它在经济和文化上的先进终于显示出优越性——吸收、融合游牧、半游牧部族趋向于农耕的能力。军事上的征服者最终成为文化上的被征服者,中华文明不仅浴火重生,而且因吸取了诸多新的成分而更加丰富多彩,更富有生命力。

民族间的融合必须通过人员的接触和交往,而共同生活是最有效的途径。在中原人的眼中,南方曾经是自然环境恶劣、经济文化落后、生活方式野蛮的地方,在包括东晋时期在内的史料中,如此的记载比比皆是。但到南北朝中期,不仅北方移民的后裔已经视南方为乐土,就是北方的居民也通过种种方式开始了解南方瑰丽的山川、丰富的物产和灿烂的文化。在南北朝后期和隋朝,部分移民后裔的回归和南北之间交流的恢复更促进了相互的了解。至此,南北的鸿沟已基本填平,这对于南方进一步发展并最终超过北方是非常重要的前提。从三国两晋南北朝到唐朝,经过长期的分裂、民族的交融,再度形成统一的多民族国家,加入这个统一多民族国家的民族更多了,基本确定了今天我国统一多民族国家的规模。

设计意图:通过小组分工,认领主题,根据主题收集选择史料并解读史料以论证主题。就内容层面,通过以上任务的实施,学生通过收集北方民族交融的史料,以及南方人口迁徙、民族交融和江南开发的材料,理解南北方民族交融最终顺利完成向隋唐一统的过渡。就素养层面,学生尝试自行完成论证的全过程,虽然很难做到"像历史学家一样思考",但是通过尝试其中的几个主要步骤,培养学生对获取的史料进行辨析能力,并运用可信的史料努力重现历史真实的态度与方法。

通过汉唐时期疆域图的变化,引导学生不仅看到疆域的扩大,还要看到在疆域扩大的背后,是一个更加多样和丰富的汉族,是一个即将一统的王朝,这是中国作为一个统一多民族国家在形成过程中不可或缺的一环。从汉朝至隋朝的疆域图的对比,从时空视域观察经历三国两晋南北朝之后中国的变化,对统一多民族国家的形成有更深刻具体的理解。学生在梳理民族交融的表现的过程中,不仅要将它们描述出来,而且要进一步解释促使民族交融的深层次原因。教师在此过程中帮助学生厘清人民群众对历史发展的作用以及三国两晋南北朝的民族大交融为隋唐再造大一统储能蓄力,着力提升学生的历史解释和唯物史观素养。

三国两晋南北朝时期是中国古代历史上大约历时 400 年的大分裂时期,是名副其实的"乱世",但是它承接秦汉大一统,后起隋唐再统一,其存在和发展的意义可见一斑。当然,我们也要理解这一过程的复杂性和曲折性。

（二）案例二：第 6 课　从隋唐盛世到五代十国

1. 学习活动设计思路

本课由"隋朝兴亡""唐朝的繁荣与民族交融""安史之乱、黄巢起义和五代十国"三部分组成。教材编写者试图构建以下的认知逻辑：在魏晋南北朝民族交融的基础上，隋唐大一统盛世局面出现；唐代中央政权强大、各民族友好交往，成为民族关系的特色；唐代后期藩镇割据、社会动荡，最终演变为五代十国的分裂局面。构建本课的主线是民族交融，盛世局面出现促进中华民族多元一体格局的进一步发展。

本课上承第 5 课魏晋南北朝民族交融的重点，下启第 9 课宋代的政治和军事制度设置。首先，厘清本课的知识结构、理解五代十国的时局困境，有助于理解北宋制度设置的初衷与无奈；其次，通过梳理三课之间的编写与重点知识设置的内在逻辑，可以帮助学生树立时空意识，构建历史发展的大脉络，契合现今倡导的大单元、大任务的教学热潮；最后，通过本单元的教学设计还可以提升学生时空素养、史料实证与历史解释方面的核心素养。

教学的过程中，提升史料实证和历史解释的核心素养是本节课关注的重点。课程标准中史料实证要求学生能对获取的史料进行辨析，并运用可信的史料努力重现历史真实的态度与方法。通过重视史料的搜集、整理和辨析，去伪存真，形成对历史的正确、客观的认识。历史解释的核心素养要求则更高，通过学习能让学生认识到所有历史叙述在本质上都是对历史的解释，即便是对基本事实的陈述也包含了陈述者的主观认识。人们通过多种不同的方式描述和解释过去，通过对史料的搜集、整理和辨析，辩证、客观地理解历史事物，不仅要将其描述出来，还要揭示其表象背后的深层因果关系。通过对历史的解释，不断接近历史真实。教材是历史解释的一种，认知解释形成的证据、方法，并能形成对教材历史解释的认同，最终达到立德树人的目的。同时，厘清核心素养的水平划分可更精准地指导教学实践，因此，必须按照课标对核心素养的划分，设定教学目的与流程。

2. 课堂教学活动过程

（1）活动导入

指导学生阅读"学思之窗"中皮日休对隋炀帝的评价，同时展示以下三则史料。

材料一：

淫荒无度，法令滋彰，教绝四维，刑参五虐……骄怒之兵屡动，土木之功不息。

——〔唐〕李延寿：《北史》卷十二

材料二：

在隋文帝与隋炀帝的统治下，中国又迎来了第二个辉煌的帝国时期。大一统的政权在中国重新建立起来，长城重新得到修缮，政府开凿了大运河（这为后来几百年的繁荣提供了可能）建造了宏伟的宫殿，中华帝国终于得以重振雄风。

——[美]费正清：《中国：传统与变迁》

材料三：

隋炀帝是富有创新精神的改革者，其改革措施一直被有意无意地忽视了。这其中一个重要的原因是隋炀帝声名狼藉,后世的继任的王朝不愿意将其所承袭的制度与隋炀帝联系下起来。

——[美]熊存瑞:《隋炀帝:生平、时代与遗产》

初步引导学生归纳上述材料对隋炀帝的评价的差异,并思考哪些因素可能导致对隋炀帝的不同评价;进而展示《资治通鉴》等史书,如美国学者芮沃寿、《剑桥隋唐史》作者杜希德等对隋炀帝的评价。

基于以上材料展示历史解释的复杂性,由此进入新课的学习。

设计意图:初步引导学生区分诗歌、历史典籍、历史著作等史料类型;能够比较、分析不同来源、不同观点的史料,并在辨别史料作者意图的基础上利用史料。引导学生阅读"学习聚焦"中"隋朝盛极一时,虽短命而亡,但影响深远"的表述,可以借此帮助学生初步学会辨别教科书与教学中的历史解释,能够发现这些解释与以往所知历史解释的异同;能够对所学内容的历史结论加以分析。

(2) 学习活动一——隋朝兴亡的历史塑造

教材"隋朝兴亡"一目的内容可简化为统一创新、盛极一时和二世而亡三个部分。同时,教材"学习聚焦"和"学思之窗"提供相应的结论与解释强化对隋朝的评价。为此,教学聚焦于以下三个问题:

① 为什么教材认为隋朝盛极一时? 教材如何得出此结论?

② 你是否认同教材对隋朝短命而亡的原因分析及对隋炀帝的评价?

③ 史料中古今中外史学家对隋朝(包括隋炀帝)评价的差异及其原因何在?

设计意图:通过梳理三国至隋唐历史发展的基本线索和主要阶段,引导学生运用历史唯物主义的基本立场、观点、方法,在历史时空框架下把握重要的历史事件、历史人物和历史现象,建构历史发展的前后联系,认识盛世局面的出现促进了中华民族多元一体格局的进一步发展的总体趋势。

通过材料能总结教材结论,中国史学家、西方学者对隋朝评价的差异,并能够分辨不同的历史解释;尝试从来源、性质和目的等多方面,说明导致这些不同解释的原因并加以评析。

(3) 学习活动二——唐朝的繁荣与民族交融

引导学生阅读教材,并结合"学习聚焦""历史纵横"内容,明白教材得出唐朝繁荣和民族交融的论据与论证过程。

展示《旧唐书》《贞观政要》《新唐书》《资治通鉴》《通典》对唐朝政治统治、民族关系、经济发展、社会治理等方面的史料原文。结合教材中的曲辕犁、唐三彩、交河故城遗址、《职贡图》、唐蕃会盟碑等史料,并提出以下问题讨论:

① 根据研究对象(政治、经济、文化、民族)匹配史料,解读史料信息;

② 区分各类史料在研究唐代盛世中的价值,并给出区分依据;

③ 阅读教材,思考隋唐盛世形成的原因有哪些,能否借助材料复原这一结论;

④ 结合材料,谈谈你对唐中后期后中国构建与维系"唐代盛世"的认识。

设计意图:通过本部分学习,可在遵循学科素养层次分布要求下,提升学生的史料实证素养。学习在史料的分类、解读、整理、辨析基础上能够利用不同类型的史料,对所探究的问题进行互证;通过思考点的学习,可让学生理解教材结论构建的过程,并能在构建教材结论的史料证据与逻辑中,辨别史料中包含着其创作者的情感、利益、阶级、时代观念等因素。傅斯年曾言"史学就是史料学",近来北京大学学者罗新更是倡言"一切史料都是史学",教师在对上述理论进行简单解释的基础上,引导学生注意在对历史和现实问题进行独立探究的过程中,能够恰当地运用史料对所探究的问题进行论述。

(4)学习活动三——安史之乱、黄巢起义与五代十国

首先展示教材"学习聚焦"中的结论:安史之乱导致唐朝由盛转衰。黄巢起义后,唐朝灭亡,五代十国分裂局面出现。

其次,展示教材中"史料阅读"中的北宋欧阳修在其编撰的《新唐书》中对藩镇林立直至唐朝灭亡的历史线索,同时展示藩镇割据、宦官专权、朋党之争内容的系列史料。

藩镇割据材料四则:

安、史乱天下,至肃宗大难略平,君臣皆幸安,故瓜分河北地,付授叛将,护养孽萌,以成祸根。乱人乘之,遂擅署吏,以赋税自私,不朝献于廷……一寇死,一贼生,讫唐亡百余年,卒不为王土。

——〔宋〕欧阳修、宋祁:《新唐书·藩镇魏博列传序》

故怀仙与田承嗣、薛嵩、张忠志等得招还散亡,治城邑甲兵,自署文武将吏,私贡赋,天子不能制。

——〔宋〕欧阳修、宋祁:《新唐书·李怀仙传》

(承德、魏博、相卫、卢龙诸节度)收安、史余党,各拥劲卒数万,治兵完城,自署文武将吏,不供贡赋……皆结为婚姻,互相表里。朝廷专事姑息,不能复制,虽名藩臣,羁縻而已。

——〔宋〕司马光:《资治通鉴》卷二二三

弱唐者,诸侯也。唐既弱矣,而久不亡者,诸侯维之也。

——〔元〕脱脱等:《宋史·尹源传》

宦官专权史料三则:

臣光曰:……东汉之衰,宦官最名骄横,然皆假人主之权,依凭城社,以浊乱天下,未有能劫胁天子如制婴儿,废置在手,东西出其意,使天子畏之若乘虎狼而挟蛇虺如唐之世者也。所以然者非他,汉不握兵,唐握兵故也。

——〔宋〕司马光:《资治通鉴》卷二六三

东汉及前明,宦官之祸烈矣,然犹窃主权以肆虐天下,至唐则宦官之权反在人主之上,立君,弑君,废君,有同儿戏,实古来未有之变也。推原祸始,总由于使之掌禁兵,管枢密。

——〔清〕赵翼:《廿二史札记》"唐代宦官之祸"

唐之朋党,始于牛僧孺、李宗闵对策,而成于钱徽之贬,皆自小以至大,因私以害公。……穆宗以后,权移于下,朝无公政,士无公论,爵赏僭滥,刑罚纷放。士之附会者不入于牛则入于李,不忧国家之不治,而唯恐其党之不进也……汉之党尚风节,故政乱于上而俗清于下,及其亡也,人犹畏义而有不为。唐之党趋势利,势穷利尽则止,故其衰季,士无操行,不足称也。

——〔北宋〕范祖禹:《唐鉴》卷十

设问:

① 唐朝由盛转衰源于安史之乱,但唐朝的灭亡是否还有其他因素?

② 五代十国时局与北宋建立后的制度设置是否存在关联? 宋代统治者如何解决五代十国存

在的问题？

设计意图：通过对教材结论的复原论证过程，可以梳理唐中后期到北宋建立的时代特征与时间线索，完成时空观念核心素养的渗透；通过综合所有史料，能对唐代灭亡的原因做出比教材结论更全面的历史解释；唐代灭亡是藩镇割据、朋党之争、宦官专权诸因素合力作用的结果，尤其是通过史料的展示与解读，可以解决教材中只有简单一句"唐朝后期，宦官专权和朋党之争加剧"的历史解释。

通过《宋史·尹源传》史料中对藩镇割据对维系唐朝统治的评价，形成与教材结论的认知冲突。在此基础上，可以引导学生进一步思考对藩镇割据的历史意义再认识，由此可以达到历史解释核心素养中"独立探究历史问题时，能够在尽可能占有史料的基础上，尝试验证以往的说法或提出新的解释"最高层次的要求。

3. 学习活动设计反思

本次学习活动的设计是基于史料实证和历史解释素养视角展开的。在史料实证素养环节，选取的史料既要基于教材，充分利用教材提供的图片、文字等史料，同时还结合本校学生的学情基础，适当增加更多的史学著作、史家名论等文献史料，增强史料的丰富性，对教材中的知识点进行深度解读，如重新认识与思考唐朝盛世历史解释的史料实证与逻辑论证过程、唐朝后期的藩镇割据对维系唐代统治的意义。

历史解释核心素养渗透环节，教师首先借助提取史料信息，形成与教材结论相冲突的认知，如对隋炀帝的功过评价、唐代盛世的构建、藩镇割据的历史评价；进而在教学过程中提供不同来源、性质和目的的史料，借助分析史料本身，尝试理解上述历史解释的合理性和问题，如唐朝的繁荣与民族交融在构建本课主线民族交融、盛世局面出现促进中华民族多元一体格局的进一步发展的作用。最后，进一步推进教学的深度，例如通过"谈谈你对唐中后期后中国构建与维系唐代盛世的认识"，引导学生能够在尽可能占有史料的基础上，尝试验证以往的说法或提出新的解释。依此类推，学会历史学习方法的迁移，尝试重新认识教材中出现的类似历史结论，如文景之治、光武中兴、康乾盛世等。

当然，本课也存在不少的问题。首先，大量文献史料的增加，对学生的史料解读能力估计过高，同时上课的时长也大幅增加；其次，课堂教学聚焦于历史解释，学生对历史解释形成的过程，乃至全新的历史解释认知过程有难度，尤其是很难尝试协调教材历史解释与新的历史解释的认知冲突。

（三）案例三：第8课　三国至隋唐的文化

1. 学习活动设计策略

（1）分析课标、教材内容与学情，为任务驱动构建框架

从课程标准对本单元的要求来看，本课需要落实的学习要点为认识三国两晋南北朝至隋唐时期思想文化领域的新成就。本课设计时将注重让学生通过对本阶段思想文化基本史实的掌握，进一步理解"社会存在决定社会意识，社会意识是社会存在的反映"这个基本原理。因此，将本课的重点确定为三国至隋唐的文化成就的表现及其所反映出的社会背景。

从教材内容来看,《中外历史纲要》作为高中历史教科书,其在关注历史发展大趋势的前提下,着眼于每一个历史时期的时代特征。本单元从制度变化与创新、民族交融、区域开发及思想文化四个方面展开,分为四课内容。本课从思想文化的角度切入,共有四个子目,即"儒学、道教与佛教的发展""文学艺术""科技""中外文化交流",主要叙述了三国到隋唐的儒学、道教与佛教、文学艺术、科技以及中外文化交流的新发展新成就。本课内容是这一时期社会政治、经济状况在思想领域的反映,是三国至隋唐时期民族交融和统一多民族封建国家发展的结果,是中国思想史发展的重要阶段。

从教学角度看,本课面临着不小的挑战。

内容繁杂:时间跨越从三国至隋唐数百年;包括三国两晋南北朝与隋唐等多个时期的文化以及对外的文化交往,事无巨细地讲则根本不可能讲完,这就要求教师根据重点有所取舍。

内容重复:通过初中以及本单元前三课内容的学习,学生对于三国至隋唐时期的政治、经济社会特征已有一定的掌握,同时在其他学科以及课外也对此时期文学、书法、科技等内容有所了解。学生既然已经有了一定的学习基础,教师就不能老调重弹,止步于知识层面。

内容重要:本课主题是三国至隋唐的文化,事关中华民族的文化自信、民族自信、国家自信,也是培养学生家国情怀和唯物史观学科核心素养的关键课目。学生虽然已经对相关知识有所涉猎,但对文化繁荣的背景与原因的探究缺乏深入的思考,对中国古代文化优越性的认识也往往浮于表面。因此,本课应当在如何认识三国至隋唐的文化成就的表现及其所反映出的社会背景上下功夫。

(2) 制定内容主旨与核心素养目标,为任务驱动明确方向

基于上述分析,本课的内容主旨如下:魏晋南北朝的大分裂时期与隋唐的统一时期是中国古代统一的多民族国家分裂与交融相行的时期,在政治经济等因素的影响之下,这一时期也是我国文化发展的大繁荣时期,宗教、文学艺术、科技成就以及中外交流都在此时取得了突出的发展成就。儒学、道教、佛教从并立发展到并行交融,文学艺术与科技成就大放异彩,在统一多民族国家强盛国力的支持之下,中外文化交流繁盛;伴随着佛学研讨、政治交流、经贸往来等,中华文化与域外文化互相借鉴学习对方的优秀成果,各个文明在此时平等交流、交融发展。

历史学科核心素养蕴含高中历史课程性质重新定位的价值取向,体现了以学生为本的教育理念。结合本课的课标、教材内容与学情,制定教学目标如下:

了解儒学、佛教、道教的思想特点及社会地位的变化。通过鉴赏和分析文学艺术作品,了解这一时期文学艺术的变化特征,认识社会变迁对艺术的影响作用。梳理这一时期的科技成就,并通过材料分析中国古代科技的特点,认识到传统思想对科技发展的重要影响。总结文化新成就,并认识这一时期中外交流的历史意义,增强学生的民族自豪感和文化自信。

由此,本课的学习任务应当围绕三国至隋唐时期国内与域外文化的交融与交流展开。通过文献史料、实物史料的多重印证,结合学生活动,掌握该时期的文化成就及其反映的社会背景,借此进一步深化"社会存在决定社会意识,社会意识是社会存在的反映"这个基本原理。

(3) 重难点导向,构建学习任务环节

本课内容中,第一子目儒、道、佛的发展会有时间线上的交织、理解上的难度。这三者在魏晋南

北朝至隋唐时期的发展中处于一个你中有我、我中有你的关系,因而教学中需要帮助学生厘清脉络,理解三国至隋唐时期文化发展背后折射出其所特有的社会背景,并且还需要点明一点,儒学在其中始终占统治地位。因此,本课的重点确定为:三国至隋唐的文化成就的表现及其所反映出的社会背景,儒学与佛教的发展;难点确定为:通过思想文化发展和变迁的社会条件初步理解"社会存在决定社会意识"的原理。

本课的教学设计力图通过对"美"的感悟这条线索的铺设,将学生对文化之美的认识与历史时空连接在一起,反复铺垫"美"与时空的联系,从而突破唯物史观的知识构建。通过"情景—探究—感悟"的教学模式,可以将历史学科核心素养潜移默化地融入课堂,更好地完成教学内容并且培养学生的思维能力。由此,将学习任务分为以下四个部分展开:① 何以为美? 导入;② 美从何来? 引入唯物史观;③ 审时代之美,进一步提升对唯物史观的认识;④ 美的历程讲述中外之间的文化交流。同时,从内在逻辑联系来看,本课前三子目属于思想文化新成就的典型表现,而第四子目中外文化交流实际是贯穿该阶段文化发展始终的,故而要注意这个内容的处理,帮助学生认识到文化是在交流中不断推陈出新的。

2. 学习活动过程

【学习任务一】课前自主探索,完成"读史·小报"

因本课的内容庞杂,知识点较多,因此课前具有指向性的预习与学案必不可少。学生需要在课前阅读教材,思考问题,并完成课前任务。

首先,画时空坐标,然后完成课前探究。

(1) 为什么魏晋时期儒学独尊的地位会受到挑战?

(2) 请举例说明唐诗所反映出的唐朝社会变迁。

(3) 中国古代科技的特点有哪些?

设计意图:学生通过阅读教材相关内容以及时间轴梳理,培养时空观念的同时,初步了解本课框架和基础知识。这也是培养学生唯物史观,深层次理解三国至隋唐文化的社会背景的重要基础。

【学习任务二】"何以为美"

(1) 探讨"美"是什么。

学生自由讨论,美是什么。可以先发散思维,广泛讨论,然后再将焦点落到魏晋时期的"美"。

(2) 引入魏晋时期的材料,构建中国古代统一多民族国家在魏晋南北朝时期的历史时空情境,在此特定时空背景下出现的文化也在一定程度上为统一多民族国家的发展注入新鲜血液。

《世说新语》记载了很多魏晋名人的逸闻趣事,其中有些是关于他们反抗名教,展示个性的故事。魏晋名士的性格不可谓不张扬,行为不可谓不放纵。魏晋名士故作旷达,其实是掩饰他们对现实的痛苦无奈。在魏晋那个黑暗的时代,士人政治前途渺茫,身家性命时常面临危险,有时连说话的声息都要进行调整才能避祸,在此情形下,他们只好采取消极抵抗、貌似不作为的策略,委曲求全,以堕落放纵和对外物的追求来淡化惨淡的现实,以任性和对绝对自我的追求来充实空虚的灵魂,以虚无缥缈的成仙之道消解生命的无常。

书法方面有王羲之,飘逸俊美;在绘画创作方面,已不仅限于过去的传说题材和教化主题,开始出现了像顾恺之《洛神赋图》那样以爱情为主题的作品,以及体现文士阶层才情性貌等类型的作品。

面对同样的社会环境,也会存在不同的社会意识。魏晋三百多年,个体的自我意识在秩序解体的痛苦中觉醒。

材料一:

潘岳妙有姿容,好神情。少时挟弹出洛阳道,妇人遇者,莫不连手共萦之。左太冲绝丑,亦复效岳游邀,于是群妪齐共乱唾之,委顿而返。

——〔南朝宋〕刘义庆:《世说新语》

材料二:

刘伶恒纵酒放达,或脱衣裸形在屋中,人见讥之。伶曰:"我以天地为栋宇,屋室为裈衣,诸君何为入我裈中?"

——〔南朝宋〕刘义庆:《世说新语》

设计意图:以讨论的方式,激发学生对于本课的学习兴趣。通过文字史料、图片史料等多种类型史料的综合运用与分析,基本知晓三国至隋唐时期在思想、书法和绘画等领域的文化成就,落实基础知识,培养学生的历史解释能力,进一步明确这些文化成就为统一多民族国家的发展注入了活力。再配合语言描述,便于构建本课的历史情境。

【学习任务三】"美从何而来"

(1) 提出问题:魏晋的审美是怎么来的?

魏晋时期,社会变迁在意识形态和文化心理上的表现,是占据统治地位的两汉经学的崩溃。其基本特征就是人的觉醒。魏晋时期的文化之美来自时代。由此引出社会存在决定社会意识。

(2) 利用表格与材料,进一步引导学生用唯物史观的方法分析,为什么魏晋时期儒学的独尊地位会受到挑战?

表 11　汉至唐朝儒学、道教、佛教的发展变化

时　间	儒　学	道　教	佛　教
汉朝			
魏晋南北朝			
隋朝			
唐朝			

材料三:

道教所关心的,是社稷荣衰、战争胜负、命运穷达、人生贫富、寿命长短、前途吉凶、祛病消灾等社会现实问题。佛教与人们欲求脱离苦海的愿望产生共鸣,僧人们还吸取道家的道术,关心人们的现世利益……

——整理自《中国通史·秦汉魏晋南北朝》

社会环境的变化使得儒学不适应社会的精神需求,因此给了佛教、道教发展的空间。从孔子开始,儒学奉行的是"不能事人焉能事鬼",要求"敬鬼神而远之",这是一种强迫人们面对现实、解决问题的社会规范。这种强烈的理性主义确实塑造了中华民族的独特气质,但是长时间的社会动荡和征战杀伐,让人们对现实失望,在无力改变之下,开始寻求个人解脱的精神支柱。道教是关于生命的宗教,希望人活着就能过上神仙般的日子。佛教是心灵的宗教,关注灵魂的安顿和寄托。这时候对佛教的崇拜,延伸出了独有的美的理想和审美形式,流传下来的主要是佛教石窟艺术。

在长达百年的动荡之中,关注灵魂的佛教与关注生命的道教,一方面使人们迷醉在虚幻幸福之中,另一方面表达了人们对现实苦难的抗议和逃避。宗教如同让人对现实麻痹的鸦片,人们如醉如狂地吸食它。于是,佛法大行,道教大兴。这也在宗教层面丰富了中国古代统一多民族国家的文化内涵,是本土文化与域外文化有机交融的体现。

(3) 从文学艺术领域看唯物史观——社会意识对社会存在的反映。

表 12　汉至唐朝文学艺人领域的发展

项　　目	名 家 名 作	特　　点
书法	东晋"书圣"、王羲之《兰亭序》	东汉:成为一门艺术,魏晋:书体已经完备
	唐朝颜体与柳体	唐代融合南朝秀美和北朝雄健
绘画	东晋顾恺之《洛神赋图》	以形写神
	唐朝画圣吴道子	风格多样
雕塑	魏晋至隋唐佛教石窟	佛教流传的产物
文学	建安文学、田园诗、南朝骈文、南北朝民歌	
	唐朝李白《将进酒》、杜甫《望岳》	

通过儒、佛、道思想的发展,雕像、书法、绘画作品的品评,能够看出,文学艺术作品能够从一定程度上反映出当时的社会背景。这就告诉我们,社会意识是对社会存在的反映。

(4) 以唐诗为例,探讨诗词背后所折射出的社会时代特征。

李白的诗风开朗奔放、刚健清新,反映了这时的唐朝国力强盛、文化开放的社会背景;杜甫的诗风平实浅进,讽喻诗作大量涌现,反映了唐朝的社会弊端日益暴露;李商隐的诗风凝重沉郁,反映了唐朝由盛转衰。

设计意图:通过品评魏晋至唐朝的艺术作品,掌握各时期的时代特征,进一步落实"社会存在决定社会意识,社会意识是社会存在的反映"这一主题。通过教材及图文,结合三国至魏晋时期的社会环境与思想文化之间存在的内在逻辑关系,培养学生的历史解释和唯物史观等核心素养。

【学习任务四】"审时代之美"

(1) 鉴赏分析(彩绘捧手仕女俑)。

播放相关视频,进一步理解大唐的强盛与自信。

(2) 完成表格,掌握魏晋至隋唐时期的科技成就。

表13　魏晋至隋唐时期的科技成就

领　域	时　期	人　物	主　要　成　就
数学	南朝	祖冲之	圆周率
农学	北朝	贾思勰	《齐民要术》是中国现存最早的一部完整的农书
地理	西晋	裴　秀	《禹贡地域图》
建筑	隋朝	李　春	设计赵州桥,是世界上现存最古老的石拱桥
印刷术	唐朝		雕版印刷佛经、日历和书籍
火药	唐中期		书籍中记载了火药的配方,唐末火药开始用于战争
天文学	唐朝	僧一行	用科学方法实测地球子午线长度
医药学	唐朝	孙思邈	《千金方》
		唐高宗	《唐本草》是世界上最早由国家颁行的药典

在重农抑商思想主导下,中国古代科技主要服务于小农经济的发展需要;中国古代科技偏重实用,忽视理论研究;在研究方法上,主要采用传统的典籍整理与经验总结,缺少实验创新;中国古代科技对外影响巨大,但对外来的东西吸收得少。

设计意图:中国古代的科技成就大部分与农业有关,或者为农业服务,通过探讨中国古代的科技特征,也能反映出历史学科核心素养中的唯物史观。通过播放视频等方式设置情境,使枯燥的哲学观点变得生动有趣,进一步落实教学目标,使学生认识到传统思想与社会背景对科学技术产生的影响。

3. 教学反思

本课所涉及的时间跨度大,是中国由分裂走向统一的阶段,更是中国古代文化史上多元繁荣,为中国古代统一多民族国家的发展注入新鲜血液的阶段。本课试图通过"感悟文化之美"这条线索展开,让学生在审美的过程中开展对文学艺术作品的鉴赏,以多个主题的学习任务为主导,来协助达成教学目标,并落实唯物史观。但这种审美鉴赏存在一定的难度,也可能达不到预期的教学效果。

学习任务设计的目的是作层层铺垫:引出主题、分析主题、运用主题。为了完成这一目标,可能会涉及本课之外多余的要素,略显杂乱堆砌。而且为了烘托主题,在基础知识的处理上就会略显单薄,需要在正式授课之前辅之以学案进行基础落实。

本课的外主题是"感悟文化之美",内主题是"唯物史观"。两个主题相互配合,用外主题牵引线索,带动气氛,而达到落实内主题的目的。这种做法会使学生上课时的难度有所增加。而且为了服务于此学习任务,还需要教师进行大量的背景介绍以及情境引导,尤其本课以魏晋之美切入,学生并不熟悉这部分历史背景,也给教学带来了难度。另外,由于时间安排与本课重难点的设置,在授课过程中,对于这一时期的文化成就与统一多民族国家的发展二者之间的关联性没有做足够的讲解。

关于任务驱动下变"教"室为"学"堂,学习活动、情境以及主题的设计,如何做到既可以调动学生兴趣,寓教于乐,又能够落实基础,升华教学目标,是一个需要持续探索的话题,希望能在未来呈现更多有趣、有料的"学"堂。

指向核心素养的高中历史跨学科学习活动设计
——以《中外历史纲要(上)》第二单元为例

上海市闸北第八中学 / 阎珏雯　宋小军　刘维维　李琦琦

一、研究背景

(一)课改背景

《普通高中历史课程标准(2017 年版 2020 年修订)》①提出了立德树人、坚持正确思想导向和历史学科核心素养三大概念。新修订的《义务教育历史课程标准(2022 版)》②中亦指出历史课程的目标是落实立德树人根本任务,培育学生核心素养。可见,从初中到高中,两份课标一脉相承,都指向"核心素养"培育。那如何培育核心素养呢?《义务教育课程方案》中设计了"跨学科"教学。因此,本课题以教育部统编高中历史教程《中外历史纲要(上)》第二单元为例,探究如何在初中基础上设计高中学段的跨学科学习活动,以期贯通素养、立德树人。

(二)概念界定

1. 学科核心素养

"学科核心素养是学科育人价值的集中体现,是学生通过学科而逐步形成的正确价值观、必备品格和关键能力。历史学科核心素养包括唯物史观、时空观念、史料实证、历史解释、家国情怀五个方面。"③这是课标对于历史学科核心素养的界定,基于此,我们围绕五大素养展开学习活动设计。

2. 跨学科学习理论

1926 年,哥伦比亚大学伍德沃思首倡"跨学科学习"。自此,有关这一概念的讨论未曾停止。目前有关跨学科定义有四种类型。

(1)方法说:针对问题,将一门学科的知识或方法迁移、应用于其他学科。

(2)学科说:针对现实问题或学科内部问题,以该学科为主,联合其他学科,从不同学科视角开展研究。

(3)通识说:认为跨学科是贯通各学科的,具有通用性质的素养。

(4)交叉说:针对问题,将两个或两个以上学科知识完全整合。④

---

① 中华人民共和国教育部:《普通高中历史课程标准(2017 年版 2020 年修订版)》,北京:人民教育出版社,2020,第 4 页。
② 中华人民共和国教育部:《义务教育历史课程标准(2022 年版)》,北京:人民教育出版社,2022,第 39 页。
③ 中华人民共和国教育部:《普通高中历史课程标准(2017 年版 2020 年修订版)》,北京:人民教育出版社,2020,第 4 页。
④ 陈畅:《跨学科的历史和历史的跨学科》,《历史教学》2023 年第 11 期。

本设计选用学科说和交叉说两种概念,即在课时教学时采用学科说,以历史学科为主联合各学科;在单元设计时选用交叉说,将两个或两个以上学科知识完全整合。

二、学习活动过程

(一)概述

三国两晋南北朝政权更迭、战乱频仍。大动荡亦带来了大交融。在大交融与大开发下演化出隋唐的新格局与新文化。最终,国力强盛、疆域拓展、经济繁荣和对外交往活跃的隋唐盛世出现了。

学生学习本单元,了解三国两晋南北朝政权更迭与隋唐兴衰过程,夯实时空意识;通过史料辨析,学会从多元视角诠释与评价北魏孝文帝改革动因;通过唐诗、官书、出土文物等不同类型史料的解读互证,了解文学作品的证史价值;通过地图分析,从时空角度理解其地理环境与唐朝兴衰的关系;感悟中华优秀传统文化,培育中华民族共同体的家国情怀,增强民族自信心。

(二)学习活动设计案例

1. 学习活动一:丝绸之路的兴盛

表1　跨学科综合实践活动课设计

科目	历史	课题	丝绸之路的兴盛	课型	综合实践活动课	课时	1课时(60分钟)
本质问题	如何理解"一带一路"作为国家战略的时代价值?			跨学科驱动性问题		寻找古代丝绸之路上的文化符号	
			教学目标			**核心素养**	
教学目标与核心素养	政治		理解"一带一路"构想的战略意义			政治认同	
	历史		通过丝路文物考证掌握证史的基本方法和历史阐释技巧			史料实证、历史解释	
	地理		了解丝绸之路路线和沿线地质气候条件			区域认知	
	语文		理解诗歌中的文化意蕴			文化传承与审美感知	
	艺术		了解唐代壁画艺术和胡旋舞			创意实践和文化理解	
	劳动		养蚕体验			劳动精神	
	信息技术		移动学习和远程互动			数字化学习与创新	
	综合实践活动		《自动化养蚕机的制作》			关键能力,必备品格	

(1) 活动过程

导入：配乐诗朗读

凉 州 词

〔唐〕王之涣

黄河远上白云间，一片孤城万仞山。

羌笛何须怨杨柳，春风不度玉门关。

师(历史)：这个月我们学习了《中外历史纲要(上)》两个单元，也开展了围绕历史学科开展的一系列跨学科实践性学习活动，成立了"上海小囡的蚕桑公社"。今天，让我们一起在苍凉豪迈的边塞诗中，从一只茧的故事开始，走上丝绸之路。

设计意图：以唐代边塞诗导入，既引导学生背诵语文课本中的古诗词，又营造丝绸之路的活动氛围。

环节一：丝之梦——丝绸之路概念与"一带一路"倡议的提出

师(历史)：1877 年，德国地质地理学家李希霍芬在其著作《中国》一书中，把从公元前 114 年至公元 127 年间，中国与中亚、中国与印度间以丝绸贸易为媒介的这条西域交通道路命名为"丝绸之路"。它是以丝及丝织品贸易为主的贸易路线，最初仅指从中国长安出发，横贯中亚、西亚，进而连接非洲、欧洲的陆路通道，后来又有了"海上丝绸之路"的提法，如今其内涵不断扩大，被视为东西方政治经济文化交流的桥梁和重要载体。

一个时代有一个时代的问题，一代人有一代人的使命。为应对百年未有之大变局，推动世界经济向平衡可持续的方向发展，2013 年，习近平总书记向世界发出了共建丝绸之路经济带和 21 世纪海上丝绸之路的倡议。作为促进全球共同繁荣、打造人类命运共同体的宏伟构想和中国方案，"一带一路"建设无论是理念还是行动，愿景还是现实，都体现出这是中国与世界的互利共赢之路。下面请地理老师带着同学们一起来了解一下陆上丝绸之路的路线和沿途的自然气候。

师(地理)：(出示《"一带一路"经济走廊及其途经城市分布地势图》)请同学们在地图上找出西安、敦煌、河西走廊、塔克拉玛干沙漠、帕米尔高原、波斯湾、地中海等区域，思考地理环境和古代丝绸之路的关系。

生：(讨论)学生代表发言，上台在地图上标示相关地点。

师(地理)：陆上丝绸之路起始于古代中国长安，经甘肃、新疆，到中亚、西亚，并连接地中海各国的陆上通道。海上丝绸之路的起点主要是广州和泉州，穿过印度洋进入红海，抵达东非和欧洲的国家。穿梭在这个贸易网络中，人们需要面对各个文明中心之间复杂多变的气候挑战。中国西北地区气候干旱，多为广袤的沙漠和戈壁沙滩景观；中亚地区造就典型的沙漠气候、草原的大陆性气候，突出的气候特征是干燥、温度变化剧烈；当抵达地中海时，冬季气候温和、降水丰沛；而夏季在副热带高压的控制下，干热少雨；最终到达欧洲时，由于平原辽阔，从大西洋吹来的湿润西风能深入内陆，加上北大西洋暖流的影响，使得大部分地区的气候具有温和湿润的特征。这些多样性的地质气候条件对丝路的走向有直接的影响，但也为世界各地的文化和技术交流提供了机遇。商人和游者逐渐了解各种气候条件，发展出更为复杂和高效的贸易网络，促进了不同文化的交流与繁荣。

设计意图:通过地理学习了解丝绸之路的路线以及地质气候条件,理解地理环境对丝绸之路路线走向和区域文明的影响,加深对文化多元和丝路文明交流的认识。

环节二:丝之源——蚕桑公社社团介绍蚕的发育成长,并现场展示手工缫丝技艺

生:我们在养蚕缫丝的过程中,感受到了岁月的变迁。我们的祖先仅仅利用手工就做出了丰富的工具,使蚕桑文化绵延数千年。而今天我们拥有的工具是以前所不敢想象的,但为何经营传统蚕桑业的人越来越少?古法养蚕缫丝技术如果没有人传承下去,传统蚕桑文化不能发扬光大,再古老的人类智慧的结晶又有什么用呢?既然我们有幸与这些小精灵朝夕相处,触摸到历史深处的律动,我们希望能将这份快乐分享给大家,让我们在繁忙的学业与工作中感受到生活中容易被忽略的小美好,找到灵感,享受大自然所赐予的宝藏,感受中国传统蚕桑文化和农耕文明的博大精深。希望更多的人能在这群小生命的陪伴中放松因工作或学习而紧张的神经,放慢焦急的脚步,感悟中华文明所承载的淡泊从容。文明的传承需要大家共同携手,现在和我们一起迈出脚步,以《一只蚕茧的故事》开启您的精神之旅吧!

(手工抽丝,化茧为丝。80 摄氏度左右的温水,一分钟抽出蚕丝)

设计意图:感悟劳动的艰辛和伟大,体验生命的高贵和奉献,传承中华优秀传统文化。

环节三:丝之盛——汉唐丝绸之路的兴盛

师:介绍汉唐丝绸之路的盛况,引导学生分析汉唐丝绸之路兴盛的原因。

生:讨论总结。

师:"驼铃古道丝绸路,胡马犹闻唐汉风。"随着唐朝的全面强盛,丝绸之路也进入全盛期,凉州、敦煌等河西走廊的城郭商贾云集,呈现出一片繁荣景象,丝绸之路的东端起点长安成为国际化的大都市。伴随着经济往来的绵延不断和政治治理的不断强化,在丝绸之路上,东西方文明交流互鉴、中华各民族文化融通互鉴的脚步达到全盛。下面我们通过艺术小组的"敦煌壁画中的乐舞艺术探究"课题来了解一下丝绸之路上的文化交流与交融。

生:展示课题研究成果。

设计意图:通过敦煌壁画和白居易诗歌中关于胡旋舞的描述,理解艺术品的史料价值;通过历史、艺术的跨学科研究,深刻领悟文明的多元互动和盛唐气象。

环节四:丝之辖——汉唐对丝绸之路的管辖

师:展示甘肃武威出土《马踏飞燕》铜奔马复原图和 1966 年阿斯塔那 61 号墓出土的吐鲁番文书,请学生们提取材料信息。

生:提取材料中的表层信息和深层信息,掌握河西四郡、安西都护府、北庭都护府等汉唐时期在西域的建制,认识到这些地区自古就是中国的领土。

师:展示《马踏飞燕》全息影像,请学生分析全息影像的原理。

生:用物理学科的光学知识回答。

设计意图:通过两则史料,区分复制品和出土文物的史料价值,并通过解读史料信息,初步了解汉唐时期对丝绸之路的管理状况。

环节五:丝之融——与新疆巴楚二中支教老师和学生现场互动

(师生互动环节略)

设计意图：通过丝路古道同龄人的介绍，使学生们对今天的丝绸古道有更直观的认识，同时通过远程互动，拉近彼此间的距离，增进民族感情。

环节六：丝之魂——丝路精神

师：丝绸之路不仅是商业通道，更重要的是丝绸之路体现的"丝路精神"。丝绸之路作为人文社会的交往平台，多民族、多种族、多宗教、多文化在此交会融合，在长期交往过程中，各个国家之间形成了"团结互信、平等互利、包容互鉴、合作共赢，不同种族、不同信仰、不同文化背景的国家可以共享和平，共同发展"的丝路精神。这也是现代国际社会交往的最基本原则之一，是塑造国际政治经济新秩序的必然要求。

(2) 活动反思

推进跨学科主题教学已经成为当下学科改革的重要课题，这既是双新改革的政策要求，更是落实融合育人的现实之举。对于习惯于分科教学的教师来说，面临诸多问题，例如主题如何确定；真实且跨界的情境如何设计；体现学科交叉点、知识联结点的核心问题如何落实；如何在教学活动实施中，实现问题链、知识链、素养链的一体化推进；等等。此外，把握"双新"理念，加强课程内容与学生经验、社会生活的联系也是一个艰难的过程，对教师而言挑战很大。本主题在《中外历史纲要(上)》第一、二单元基础知识和基础能力学习的背景下，根据学生兴趣和年龄特点，结合"一带一路"倡议设计跨学科主题学习活动，突出历史学科的史鉴功能，涵养学生家国情怀，收到了较好的活动效果。但是因为涉及学科太多，内容庞杂，还需要继续探索如何突出主题，科学评价学习效果。

2. 学习活动二：探究三国两晋南北朝动荡纷争、民族交融的多元原因

表 2　跨学科活动课设计

活动主题	探究三国两晋南北朝动荡纷争、民族交融的多元原因
活动目标	通过跨学科学习，分析三国两晋南北朝的时代特征和形成原因及北魏孝文帝改革的深层动因；初步学会搜集、辨析史料，并依据史料提出自己解释的能力；培育中华民族和谐统一的家国情怀和质疑探究的历史思维。
跨学科驱动性问题	三国两晋南北朝为何会大动荡、大交融呢？
跨学科知识	历史：三国两晋南北朝的政权更迭、北魏孝文帝改革 地理：气候、人地关系 生物：中国古代植被、生态环境
欲达成的核心素养	历史解释

(1) 活动过程

导入：地图勾勒三国两晋南北朝时代特征

教师展示 3—5 世纪历史地图(参见《中外历史纲要(上)》第 5 课)，学生归纳时代特征，引出本课主题：三国两晋南北朝动荡纷争原因何在？

环节一：探究三国两晋南北朝动荡纷争原因之一——气候变迁。

第一小组展示：三国两晋南北朝气象资料。

材料一：

魏文帝黄初六年（公元 225 年）正月，雨木冰……时大寒冰，舟不得入江。

武帝太康五年（公元 284 年），九月，南安大雪，折木。

穆帝永和十一年（公元 355 年），四月壬申朔，霜。

穆帝升平二年（公元 358 年），正月，大雪。

文帝元嘉二十五年（公元 448 年），正月，积雪冰寒。

——依据〔唐〕房玄龄：《晋书·五行志》归纳

生：我们找到了当时气候变迁的资料。我们认为分裂动荡与当时极端气候有关。如史料中有"大寒冰""大雪""霜""积雪冰寒"等。

师：很好。那这判断有无证据呢？（教师出示三国两晋南北朝政权更迭时间表）

生：依据史料，公元 3 世纪左右，有不少极端气候，此时，恰是三国动荡纷争之际。而至公元 4—5 世纪，气候变暖后，又出现了南北区域性统一。可见，气候与分裂到统一有关联，可是，只有这一个原因吗？

环节二：探究三国两晋南北朝动荡纷争原因之二——植被变迁。

第二小组展示：三国两晋南北朝植被史料。

材料二：

表 3　两汉时期禾、黍农事活动表

农作物	《氾胜之书》（西汉）	《四民月令》（东汉）	《齐民要术》（北朝）
禾	种禾无期，因地为时。三月榆荚时雨，高地强土可种禾	二月、三月可种植禾	二月上旬为上时，三月上旬及清明节、桃始花为中时，四月上旬为下时
黍	黍者暑也，种者必待暑。先夏至二十日，此时有雨，强土可种黍	四月蚕入簇，时雨降，可种黍禾，谓之上时	三月上旬为上时，四月中旬为中时，五月上旬为下时

——摘录自陈业新：《两汉时期气候状况的历史学再考察》

生：那个时期植被发生了巨大变化，生态环境变化，北方民族不得不改变逐水草而居的游牧方式，大举南下。

师：很好！但是环境发生改变，人类也可以适应环境而生，是否还有人的主观因素？

环节三：探究三国两晋南北朝动荡纷争的多元原因。

第三小组展示《晋书》中的史料。

材料三：

慕容廆……教以农桑,法制同于上国。

——〔唐〕房玄龄:《晋书》

关西扰乱,频岁大饥,百姓乃流移就谷,相与入汉川者数万家。

——〔唐〕房玄龄:《晋书》

生:通过材料三,我们发现动荡局面也与少数民族统治者主动学习农耕文化,西晋统治者应对"八王之乱"、主动召集少数民族屯垦边境有关。

教师展示其他学者相反观点,深化学生的认识。

材料四:

从历史文献的记载来看……单纯的环境问题并没有构成南下的全部动力。但同样是这一时期慕容鲜卑建立的燕国,不但势力远达大凌河流域,而且在这里发展了农耕生产。

——韩茂莉:《2000 年来我国人类活动与环境适应以及科学启示》

师:这段材料告诉我们分裂局面不完全由地理环境决定。因此,地理因素虽然很重要,但不是决定性的,地理与历史是互动关系。

环节四:众说纷纭——孝文帝改革动因。

教师出示北魏孝文帝迁都原因史料,学生小组讨论,你更赞同哪一观点?

材料五:

此土荒遐,未足以建都邑,宜复徙居。

——〔北齐〕魏收:《魏书·帝纪》

明帝永兴中,频有水旱。神瑞二年,又不熟,于是分简尤贫者就食山东。教有司劝课田农曰:"……教行三农,生殖九谷。"

——〔唐〕杜佑:《通典·食货一》

今居北方,假令山东有变,轻骑南出……百姓见之,望尘震服。此是国家威制诸夏之长策也。

——〔北齐〕魏收:《魏书·列传》卷二十三

(魏主曰):"国家兴自北土……此间用武之地,非可文治,移风易俗,信为甚难。"

——〔北齐〕魏收:《魏书·任城王传》

生 1:我们小组认为,孝文帝改革是为了文化统一,主动倾慕汉族文化而实行。从材料可见,这是魏主自己说的,而且史料来源又是官方正史。

生 2:我们小组认为,迁居洛阳有地理原因,因为北方土地比较荒僻,不适宜建都城。这在官方正史《魏书》中有记载,且与后世史书杜佑的《通典》相互印证。而第五段话是孝文帝自己说的,难免有美化自我,主观立场的成分。

环节五:探讨历史与地理的互动关系。

师:迁都洛阳后,北魏开始了一百多年的安稳统治,统治者倾慕汉文化,在北方实行农耕,粮食产量大增。可是,翻阅历史资料,我们却发现当时风灾频繁。

教师展示北魏风灾史料,农耕过后为什么会有风灾?大家可以解释吗?

材料六:

七月庚申,武川镇大风,吹失六家,羊角而上,不知所在。

二月癸巳,幽州暴风,杀一百六十一人。

——〔北齐〕魏收:《魏书·灵征志上》

学生讨论。

师:大家讲得很好,从气候、地形、环境等角度做了分析。学者王广智在《晋陕蒙接壤区生态环境变迁初探》中指出,"每次战争都得实行移民实边屯垦政策,以解决士兵粮食供给……使本区植被再一次遭到破坏,环境质量急剧下降,生态环境变得很脆弱"。但在垦殖以前未曾培植防风林,造成严重的沙漠化危机。因此,将草原辟为农田是很容易造成土地荒漠化的。

师:北魏不能很好地处理土地荒漠化问题,最终地力丧失,引发六镇起义而衰落。纵观北魏后期的发展,我们发现,虽然地理环境不能完全决定历史进程,但是作为自然界的人,如果不适应自然环境,也会带来灾难。我们应该怎么看待人地关系呢?

生:我们既要改造自然,也要适应自然。人与自然要和谐相处,人与自然要处于动态平衡中。

(2)活动反思

改进之处主要有二:一是怎样深挖其他学科的核心素养。我们深入探讨后,发现地理学科的"人地关系"素养与历史学科"唯物史观"素养有异曲同工之妙,都内含辩证唯物主义的思想。若能进一步深究,结合政治学科,将使课堂更为精彩。

二是怎样提取学生感兴趣的跨学科主题。实践后,虽然能落实素养,但欠缺趣味,不少学生容易"走神"。下一步是否可设置如"奶酪怎么生产?""中国南北方生活方式有何差异?"等生活情境,增加趣味性。

3. 学习活动三:诗词中的隋唐制度

表4　隋唐制度跨学科活动设计

活动主题	诗词中所见的隋唐制度
活动目标	通过对唐代伟大诗人作品和生命历程的追溯,理解隋唐制度的演进及其意义; 通过对唐诗、官书、出土文物等不同类型史料的解读互证,了解文学作品的证史价值,初步掌握文学作品的证史路径,培养史料实证核心素养; 感受隋唐制度创新包含的政治智慧,感悟中华优秀传统文化,激发爱国之情
跨学科驱动性问题	寻找诗词中的隋唐制度
跨学科知识	历史:科举制、三省六部制、两税法 语文:杜甫《忆昔》、孟郊《登科后》、白居易《句》 张九龄《望月怀远》、白居易《观刈麦》、白居易《重赋》
欲达成的核心素养	史料实证

(1)活动过程

师:实现中华民族伟大复兴是每一位青年应有的担当。之所以称作复兴,是因为中华民族历史上早已在世界之林中多次登顶,最为人称道的就是隋唐盛世。这是曾经拥有着1 200多万平方千米辽阔疆域的时期,这是开凿出在 2014 年被列入世界文化遗产的大运河的时期。隋唐时期,经济繁荣,国家富裕,百姓富足;政治清明;社会稳定,民风和谐。那么,为什么这一时期会如此强盛呢?

请看第一小组展示的两首诗:孟郊《登科后》、白居易《句》。

师:第一首诗歌,结合作者的生平经历,表达了作者怎样的心情?

生:唐朝有个清贫孤僻的诗人叫孟郊,46 岁时,他写下了《登科后》。他在春风里得意地策马奔驰,好像一日之内赏遍京城名花。

师:非常好! 发生了什么事让这位诗人突然欣喜若狂啊?

生:诗人参加了科举考试,表明进士及第后极度欢快的心情。

师:请阅读教材思考,科举考试是什么,难吗?

生:科举考试是一种通过分科考试形式选拔官员的制度。考上了就可以入朝为官。

师:为什么孟郊考上后会如此快乐啊?

生:当时有句俗语:五十少进士,三十老明经。

师:白居易的《句》体现了诗人什么心情?

生:白居易在他进士及第的时候,也写下了诗歌《句》,其中两句体现了他 27 岁就中了进士的开心和得意的心情。

师:那么,像孟郊这样一个出身于社会中下层的文人,在每一个朝代都有这样改变命运入朝为官的机会吗? 我们一起来回顾一下前朝曾经实行过什么样的官员选拔制度。

生:西周——世卿世禄;战国、秦——军功授爵,两汉——察举制度。

师:非常好,到了魏晋南北朝时候,社会发生了新的变化,使得统治者必须变更察举制。通过阅读教材,你能得到什么信息?

材料七:

汉末社会动荡,“人口流移,考详无地”,察举制所依赖的乡里清议失去了社会基础。当时,选官多操纵在地方大族名士手中,他们严重干扰了人才选拔。

——《中外历史纲要(下)》

生:汉末社会动荡,许多士大夫避难迁徙,乡举里选已不可能;加上察举制的弊端也日益显现,地方士族操控选官,严重干扰了人才选拔。

师:很好。于是曹魏创立了新的选官制度——九品中正制。阅读教材,回答什么是九品中正制。

生:朝廷在中央选择推荐官员,让他兼任自己原户籍所在地的中正官,给人才评定等级。

师:根据材料,九品中正制创立之初效果怎么样? 但后来出现了什么问题?

材料八:

九品中正制度……在其初创之时,犹能“盖以论人才优劣,非为世族高卑”,选拔出有用人才,但后来逐渐被门阀士族所把控,以至于“上品无寒门,下品无士族”。

——《秦汉以来中国古代选官制度演进研究》

生:最初因为中正官由中央选派,所以选官权力回收中央,再加上严格按照人才的优劣作为评议标准,所以是可以选拔出优秀人才的。

生:后来逐渐成为门阀士族维护、巩固自身利益的手段。

师:与九品中正制相比,科举制的创新之处在哪里?

生:选才途径由地方举荐变为全国普选。

师:非常好。那么科举制对皇帝有什么影响,对王朝有什么影响,对人才有什么影响?请同学们小组讨论。

师:一个制度的设立只要是与当时社会现实、经济基础相配套的,那么就是利大于弊。所以科举考试一直延续了1 300多年。清末,中国封建经济开始瓦解,社会步入近代化进程,科举制才被淘汰。

第二小组展示:张九龄《望月怀远》。

师:张九龄《望月怀远》写的是什么内容? 你们了解张九龄吗?

生:这些才子们前仆后继地参加科举,想要实现自己的政治抱负。其中官场之路走得最远的当属唐朝诗人张九龄,做到了中书令的高位。他的诗中最让人惊叹的就是这首《望月怀古》,前两句"海上生明月,天涯共此时",道尽了他因遭受朝中奸臣排挤遭贬时思念远人的心情。但是,张九龄具有远见卓识,甚至生前多次向唐玄宗警示安禄山必反,死后让唐玄宗对他思念不已。

师:非常好。那么中书令在中枢机关有什么权力呢? 我们来看一下隋唐第二个制度的改变——中央官制的改变。隋文帝建立三省六部制度,什么是三省六部制度,其架构如何? 请同学们阅读教材,找到答案。

生:三省六部制是隋唐中央行政机构。

生:中央机构包括中书省、门下省和尚书省。尚书省下设六个职能部门,称为六部。所以,这套中央行政机构是皇帝统领三省长官,尚书省下设六部,听命于尚书。

师:非常正确。相当于丞相之职的三省,它们的职能分别是什么? 我们结合一个情境分析来看政事是如何处理的?

假如西北的一支游牧民族向唐的北部边境发起了进攻,长城燃起了烽火。请问张九龄和他的同僚们如何应对来犯之敌?

生1:中书省和皇帝一起草诏,门下省审核,尚书省执行。

师:和此前三公九卿制相比,三省六部制度有哪些特点?

生2:相互牵制,权力制衡——防止个人擅权。

生3:集体决策,集思广益——避免决策失误。

生4:分工明确,运作规范——提高办事效率。

第三小组展示:白居易《观刈麦》、白居易《重赋》。

师:你了解白居易生活的历史背景吗? 这首《观刈麦》想要表达诗人的什么想法?

生1:唐朝诗人白居易生活在唐朝由盛转衰的时期。他经历了藩镇割据的战乱之苦,成年后几经考试而步入仕途。他的经历使得他既有机会了解下层穷苦老百姓,又见识了封建统治集团的腐败。

生2:白居易多次作诗关注民生问题,比如这首《观刈麦》就是作者关注到了民众繁重的赋税问题。

师：不错，这起源于曹魏时期曹操创立的租调制。根据材料九，租调制征收的标准是什么？

材料九：

收田租亩四升，户出绢二匹、绵二斤。

——〔晋〕陈寿：《三国志·魏书·武帝纪》

生：每一户人家收田租和布帛两部分。

师：到了唐前期，租调制进一步发展，如果男子不去服徭役，可以纳绢或布代役，称为庸。这个改进后的制度叫租庸调制。这种制度的调整带来的好处是什么？

生：保证农民有较充分的生产时间，政府的赋税收入也有了保障。

师：但到了唐中期后，社会现实有了新的变化。根据材料十，发生了什么改变？

材料十：

唐中期以后，随着人口增加，土地兼并加剧，均田制急剧崩坏，租庸调制难以维持。"有幼未成丁，而承袭世资，家累千金者，乃薄赋之；又有年齿已壮，而身居穷约，家无置锥者，乃厚赋之，岂不背谬！"百姓举家逃亡，规避赋税，被称为"客户"。

——白寿彝：《中国通史》

生：土地兼并严重，均田制遭破坏，租庸调制无法维持；人口逃亡，户籍减少；税收减少，财政困难。

师：很好。为了解决以上问题，唐德宗接受宰相杨炎的建议，实行两税法。根据教材，谈谈两税法的具体内容是什么。

生1：惟以资产为宗，不以丁身为本。

生2：不管主户还是客户，农民还是商人，一律纳税。

生3：一年按夏季和秋季两次纳税。

师：很好。那两税法带来的影响是什么？

生1：放松了人身控制。

生2：简化了税收名目。

生3：扩大了征税对象。

生4：节约了税收时间。

师：白居易的《重赋》对两税法是如何评价的？

生：两税法前期严格执行备受百姓称赞，但随着时间推移，贪官污吏开始索求无度，百姓负担再次加重。

师：三省六部制、科举制、赋税制度变迁的实质是什么？

生：加强皇帝专制的中央集权。

教师总结。

(2) 活动反思

本次学习活动设计基于跨学科教学理念，旨在借助语文和历史等学科的教学手段落实学生的历史学科核心素养，取得了较好的成效。我们经常说教给学生有生命力的历史，让历史活起来，学生才会喜欢上历史。这节课从唐朝诗人及其诗歌切入，探究诗人的生活环境和生活背景，结合诗歌表达的社会问题、社会现状、诗人心情来研究隋唐政治生活。这让学生对枯燥的政治制度产生兴趣，也让他们多年语文学习积累的知识素养有了用武之地，两者结合能让学生更加透彻地理解隋唐政治制度的社会影响及其评价。整节课实践下来进展较为流畅，重难点都讲授清楚了，但整体内容安排较多，导致课程节奏比较紧张，诗歌和诗人这部分的内容没有充分展开。今后有条件的话可以细化学生课前活动要求，让学生更细致地从诗歌中读出历史变化，借助历史的学习深化对文学作品的理解。

4. 学习活动四：从关中地区的地理环境看隋唐兴衰

表5　跨学科活动设计表

活动主题	探究关中地区的地理环境对唐朝兴衰的影响
活动目标	通过地图分析关中地区的地理优势和劣势，掌握地图分析的方法，进而从时空角度理解其地理环境与唐朝的兴衰之间的关系
跨学科驱动型问题	关中地区的地理环境如何影响唐朝的兴衰？
跨学科知识	历史：大唐盛世的表现、安史之乱对唐朝的影响 地理：地形和地势、气候
所欲达成的核心素养	时空观念、史料实证、历史解释

(1) 活动过程

导入：以王维的《和贾舍人早朝大明宫之作》导入，学生感受长安城万邦来朝的大唐盛世景象。长安城是唐朝的象征，长安城与唐朝的兴衰有何关系？一起在今天的学习中寻找答案。

环节一：探究关中地区的地理优势和劣势。

师：唐朝的都城长安位于现在的陕西西安，它被称为十三朝古都，为何统治者们如此偏爱这片区域呢？请大家结合它所在的关中地区的地形图进行思考。

生：这个地方四周有很多山脉，易守难攻。地势平坦，河流众多，利于农业的发展。

师：那关中地区有什么劣势，容易导致什么问题呢？

生：四边都与外界隔开，有些闭塞，交通不便，影响物资运输。

师：是的。那你们认为应该如何解决这个问题呢？

生：打通与外面的通道。

师：为解决物资供应问题，从隋朝开始就营建了东都洛阳。洛阳在中原地区，居天下之中，运输十分便利。为提高首都的物资供应和加强对南方的控制，隋炀帝还以洛阳为中心，修了贯通南北的大运河。但是修建大运河劳民伤财，隋朝也随之灭亡。

环节二：探究关中地区的地理优势与大唐盛世出现的原因。

师：隋朝虽然速亡，但是唐王朝继续以长安为都城并逐步发展。(出示地图《隋朝形势图》与《唐前期形势图》)大家思考一下，唐朝的版图和隋朝相比最大的变化是什么？变化之后的唐朝版图偏重哪个方向呢？

生：与隋朝相比，唐朝疆域最大的特点是西北和北部疆域有了很大拓展，偏重西北地区。

师：结合关中地区的地理优势，你们认为这对唐朝局势的稳定有何好处呢？

生：可凭借关中地区易守难攻的地理优势稳住西北少数民族，从而保持西北边疆的稳定。

师：非常好，凭借关中地区的地理优势，位于西北的长安城成为唐朝的军事中心和政治中心，唐朝日益强大，大量外邦人来唐朝贡、生活和贸易，长安也因此成为国际大都市。结合关中地区的地理劣势，大家想一想，长安城人口的增多容易带来什么问题？

生：物资供应问题，尤其是粮食问题。

师：在唐前期，尽管地理位置相对闭塞，但关中地区仍保持着强大的粮食供应能力，能以全国4.7％的人口供应31.3％的政府用粮，这是如何做到的？请大家从以下材料中寻找答案。

材料十一：

据《旧唐书》及《新唐书》中帝纪与"五行志"之记载，有唐一代关中地区冬无冰雪的年份竟达16个……这在我国历史上各王朝中是绝无仅有的。

——朱士光：《历史时期关中地区气候变化的初步研究》

材料十二：

关中为沃野，无凶年，秦以富强，卒并诸侯。

——〔汉〕司马迁：《史记·河渠书》

生：因为当时的气候比较温暖，并且地处平原。

师：是的，绝佳的自然条件使关中地区农业发达，成为全国的经济中心，各国商人齐聚长安。东市和西市是长安城的贸易场所，其中又以西市为主，曾经有一位日本僧人目睹了东市的一场大火。这场大火烧掉了东市4 000多家店铺，但这还只是东市的一部分。西市面积比东市更为宏大，由此可推测西市的规模巨大和长安城的贸易繁荣。

师：综上所述，关中地区的地理优势使长安集军事中心、政治中心和经济中心三个重要功能为一体，从而保证了唐朝的繁荣和强大。

环节三：探究关中地区的地理劣势对唐朝由盛转衰的影响。

师：安史之乱使唐朝由盛转衰。唐中期，西北少数民族走向衰落，但东北少数民族开始崛起，唐玄宗在东北边境重地增置军镇，使唐朝军事布局出现较大变化。大家结合下列材料与《唐朝鼎盛时期部分地区户口统计图》《唐中期十大节度使图》，思考唐前期与中期兵力分布有何变化，这对唐朝军事又有何影响？

材料十三：

表6　唐初期兵力分布

道名	关内	河东	河南	河北	陇西	山南	剑南	淮南	岭南	江南	合计
府数（个）	288	163	74	46	37	14	13	10	6	5	657
百分数	43.9	24.8	11.2	7	5.6	2.13	1.98	1.52	0.91	0.76	100

表7　唐中期兵力分布

节度使名	安西	北庭	河西	朔方	河东	范阳	平卢	陇右	剑南	岭南	合计
兵员	24 000	20 000	73 000	64 700	55 000	91 400	37 500	75 000	30 900	15 400	48 690

——李飞：《安史之乱背景分析》

生：唐前期军事力量集中于偏西的关内、河东地区，中期则在东北的范阳，军事中心有逐渐东移的趋势。

师：是的，这一变化也为安史之乱埋下伏笔。755年，身兼三镇节度使的安禄山从范阳起兵，给唐朝局势带来极大动荡，整整持续八年，自此唐朝军事中心东移，并导致政治中心也东移，北方民众大波南下。此外，唐朝中后期气候转凉，这会对唐朝产生什么影响呢？

材料十四：

（唐德宗贞元年间）以前之7世纪、8世纪，气候是以暖冬为主，气温偏高，而在唐代后期，即贞元年间之后的9世纪，则以寒冬为主。

——朱士光：《历史时期关中地区气候变化的初步研究》

材料十五：

（唐宪宗时期）凡东南邑郡无不通水，故天下货利，舟楫居多。转运使岁运米二百万石以输关中。

——〔宋〕王谠：《唐语林校证》

生：关中地区粮食生产能力下降，对南方漕运依赖变大，会使唐朝的经济中心南移。

师：很好，所以归纳一下，大家认为安史之乱为何会使唐朝由盛转衰呢？

生：安史之乱后，唐朝军事和政治中心东移，经济中心南移，原先长安城的优势地位逐步瓦解，对国家稳定的保障作用也开始衰退，唐朝从此由盛转衰。

师：是的，长安城的衰落也预示着唐朝的灭亡。最后，这个强大的帝国在黄巢起义中崩塌，隋唐326年的统一局面结束，中国进入五代十国的分裂时期。

板书：

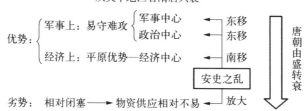

（2）活动反思

本课借助地理学科的地形分析和气候变迁，从历史地理的角度来探究隋唐时期的兴衰，落实学科核心素养。"关中地区的地理环境如何影响唐朝的兴衰？"作为驱动型问题贯穿始终，教师通过分析关中地区的地形和地势让学生归纳关中地区的地理优势与劣势，落实时空观念素养；引导学生结合不同类型的史料得出隋唐兴衰与关中地区地理环境之间的关系,从而落实学生的史料实证素养和历史解释素养。但是碍于课堂时间的限制,笔者仅结合了地理学科的相关知识,希望以后能够多结合其他学科尝试跨学科教学。

三、学习活动设计反思

以上跨学科学习活动设计从单元到课时,融合了地理、生物、语文、艺术等多学科。经过半年实践,本课题组对如何借助跨学科培育核心素养,有了更深切的认识。

(一)如何设置真实情境

安桂清教授指出,"跨学科主题学习推动学生把当下所学与所处的学校情境、社会情境和未来职业情境加以联结"[①]。然而,古代史教学如何找到真实情境呢? 我们认为方法有三:一是从实物、实迹着眼,打通古代史事与当下生活的连接;二是从当下热点新闻着眼,引出学习情境;三是从学生生活经验出发,比如,活动一丝绸之路的案例运用了学生的养蚕体验来讲解丝绸之路的起源,而活动四从关中地区的地理环境看隋唐兴衰,运用了学生熟悉的地理知识。这些从实物、从生活出发的材料,激发了学生极大的学习兴趣。

(二)如何体现素养导向

跨学科学习活动设计,不是关照某一学科素养,而是多学科素养的融会贯通。实践下来,我们认为其他学科素养的落实还不够。例如,地理学科的"人地关系""区域认知"如何落实? 语文学科的"审美鉴赏与创造"怎么与历史学科相容?

(三)如何设计活动

教学实践中除了单元学习活动外,更偏向于常规教学。如何在日常教学中体现"活动"二字,如何在教学活动实施中,实现问题链、知识链、素养链的一体化推进等问题尚需进一步思考。能否增加人物访谈、影视剧排练、田野考察、微课制作、读书会、文物制作、旅游采风等生动有趣的活动来开展跨学科学习呢? 希望和大家一起探索。

---

① 安桂清:《如何开展跨学科主题学习》,中国教育新闻网,2023 年 11 月 3 日。

习科举制度,树文化自信
——指向家国情怀的主题活动设计

上海市民办扬波中学/胡海燕

一、研究背景

(一)课标要求

2019 年,国务院办公厅印发了《关于新时代推进普通高中育人方式改革的指导意见》,明确提出"到 2022 年,德智体美劳全面培养体系进一步完善,立德树人落实机制进一步健全"。党的二十大报告明确提出,教育是国之大计、党之大计,强调"培养什么人、怎样培养人、为谁培养人是教育的根本问题。育人的根本在于立德"。立德的目标是树人,立德树人是包括历史学科在内的各学科教育的共同目标。

《普通高中历史课程标准(2017 年版 2020 年修订)》指出:"历史课程最基本和最重要的教育理念,是全面贯彻党的教育方针,切实落实立德树人的根本任务,坚持育人为先、德育为先,使历史教育成为形成和发展社会主义核心价值观的重要途径。"

(二)学科特点

历史是一门综合性的学科,史料浩如烟海,史实复杂纷纭,涵盖了政治、军事、经济、文学、地理、科技等诸多领域,不仅知识内容丰富多彩,而且也蕴含着厚重的情感因素。相较于其他学科,在立德树人目标的落实上,历史学科有更多可供使用的素材。以中国古代史为例,以人为本的伦理观、为政以德的政治观、道法自然的自然观、家国情怀的国家观、天下为公的价值观、厚德载物的人生观……这些都可以作为德育渗透的内容,引导学生传承中华优秀传统文化,增强文化自信。

(三)学情分析

学生初入高中,就面临着"双新"课改的大背景下学业难度增加的难题,承受着学业、心理上的巨大压力,产生了迷茫。他们在高一阶段不仅需要在学业上精进,更亟须确立积极进取的人生态度,树立正确的世界观、人生观、价值观。

"主题班会"是学校德育工作开展的阵地之一,学科教师可以借助班会来拓展学科德育的空间,更好地实现学科立德树人的目标。

二、活动设计

(一) 活动目的

1. 在历史课学习隋唐创立科举制度的基础上,学生通过查阅文字史料,了解科举制之后的更迭过程和不同阶段的特征及演变,培养历史解释的能力。

2. 学生通过认识中国古代的制度文明及其对人类政治文明的贡献,感受中国古代的制度智慧,树立文化自信。

3. 通过客观分析科举制度影响,认同考试制度是目前中国最好的选拔人才的制度,树立高考信心。

(二) 活动准备: 任务发布

1. 查阅科举制度发展的文献史料,梳理科举制度发展的主要脉络(宋、明、清),并制作 PPT。
2. 主题辩论:科举制度的影响。
3. 发现身边的历史:"我身边的科举文化"(可根据需要准备 PPT 或其他资料)。
4. 观看影片《高考 1977》,收集资料了解时代背景(网络查找影片)。

(三) 活动过程

导入:在上到第 7 课《隋唐制度的变化与创新》时,有同学在嘀咕,"我们今天辛苦应对的考试就是这么来的"。有一些同学觉得高考制度不好,在网络上也会看到不少对高考制度的质疑。有同学常常期盼,如果废除高考多好啊,就再也不用受苦受累地学习了。但是,考试制度真的这么糟吗?我们今天先从全面地了解科举制度开始吧。

第一环节:科举制度发展史

师:大家之前学习了先秦至隋唐的选官制度,先一起回顾一下,请完成表格中相应的部分。

表1　中国古代选官制度(先秦—隋唐)

时期	选官制度	选官标准
西周		
战国—秦		
两汉		
魏晋南北朝		
隋唐		

表2　隋唐科举制的产生

人　物	内　　容
隋文帝	
隋炀帝	
唐太宗	
武则天	
唐玄宗	

师：科举制在隋唐初创后，经历朝继承发展，直至清末被废除。下面请第一组同学为大家介绍。

生1：我为大家介绍一下宋朝的科举制发展。宋代科举考试制度继承唐制，同时又对其加以改革和创新。

第一个变化是废除公荐制……第二个变化是建立殿试……第三个变化是制定防止作弊措施……第四个变化是丰富考试内容……第五个变化是扩大取士名额……

生2：我为大家介绍科举制在明朝的发展。

科举制度在明代进入鼎盛时期，出现一系列变化。如，科举必须通过学校；明代科举取士实行三级考试制度，即乡试、会试和殿试；实行单一的进士考试；实行八股取士；分区考试，分区录取……

生3：最后我为大家介绍一下清朝的科举制。

1840年，鸦片战争的炮响，打醒了清朝统治者"天朝上国"的美梦，很多有识之士开始"睁眼看世界"，学习西方的先进思想，反思自身存在的不足，科举制度也在他们反思之列……

第二环节：科举制度的影响辩论

师：科举制度虽然结束，但对于科举制功过是非的评说却不曾停止。我们在历史课堂上已经了解过一些，下面请选择第二个任务的同学们进行一场辩论。

（过程略）

反方总结：科举制度过于注重文化教育，忽视了实践和实用技能的培养。科举考试主要注重经典著作的背诵和文学才能的考查，忽视了科技实践和实用技能的培养，限制了科技的发展。

科举制度往往只注重个人学识和能力，忽视了团队合作和创新能力的培养。科技发展需要团队合作和创新思维，而科举制度的选拔方式并未能够很好地满足这一需求。

科举制度下，一些有才之士并不能脱颖而出。比如明朝著名医学家李时珍14岁时应试中了秀才，但之后三次应试，都没有考中，最后决心弃儒从医，最终写成192万字的巨著《本草纲目》，这是具有世界影响力的药物学和博物学著作。还有明朝著名地理学家和旅行家徐霞客，15岁考过一次童子试，没有考取，之后博览群书，写成《徐霞客游记》。

科举制度所谓的自由报名，其实只是有限范围内的自由，并非所有人群都可以参与。比如唐代规定工商业者、州县衙门的役吏不得参加科举考试。宋代规定不孝不悌、还俗的和尚道士和"工商杂类、身有风疾、患眼目、曾遭刑责之人"不能报考。明清也都有报名限制。

而且即使参加了考试，录取也不见得公平。比如明朝分区考试，分区录取的措施，限定了名额分配后，对于南方经济发达地区的考生并不公平。

科举考试耗费了士人几乎全部的精力，读书做官成为知识阶层的最终目标，造成传统文化畸形发展。明清采取八股取士后，考试从内容到形式严重束缚着考生，使许多知识分子不讲究实际学问，禁锢了思想，对学术文化发展产生了消极的影响。而且科举制度不断的完备，造成官员人数剧增，出现官职冗杂、官僚机构庞大，行政效率低下的现象，也容易滋生严重的官场腐败。

正方总结：科举制创立之初，就有周边国家学习采纳，比如越南、朝鲜等。有许多西方学者也对科举制有很高的赞誉，晚清来华的美国人丁韪良甚至将之与民主联系起来，认为"有什么能比像这样以提供'全体公平机会的鼓励'更真正民主的呢？"孙中山先生曾说："现在欧美各国的考试制度,差不多都是学英国的。穷流溯源,英国的考试制度原来还是从中国学过去的。所以,中国的考试制度,就是世界上最古最好的制度。"这些国家学习考试制度的重要原因之一在于它的公平性。

在科举制度影响下,读书成为社会上最重要的活动之一。人们为了参加科举考试,要学习经典著作,了解政治、经济、文化等各方面的知识。这种全面的学习促进了知识的普及和文化的传播。科举制度下,读书人形成了勤奋好学、尊师重道、遵纪守法等传统美德。

科举考试的内容以儒家经典为主,儒家文化强调的自我身心调养,个人与社会和谐互动,人类与自然和谐相融的精神也通过科举制传承下来了,对塑造中华民族的人格和心灵有重要价值。

师:几位同学为我们介绍的是众多评价科举制中的几种。科举制度创立于隋唐时代,那个时期欧洲还处于中世纪,贵族们拥有世袭的特权,教会神权的权威笼罩着欧洲。与此相比,科举制无疑是先进的。中国的制度文明也影响了周边国家,越南、朝鲜都采用了科举制度。新航路开辟后,来到中国的西方学者对科举制是交口称赞,还有人将科举制与造纸术、指南针、火药、印刷术并列,称其为中国影响人类文明的"第五大发明"。科举制度的世界性孕育了科举文化的全球性。科举制度从东亚向西方辐射的过程,也是科举文化向海外传播中华文化的过程。

到了近代,中国的一部分学者为了自强图存,主动吸纳西学,但也出现了完全否定国学,抛弃传统文化的文化激进主义,对科举制度的批判一直没有间断。但即使在那个时期,也有学者呼吁更加理性地研究科举,研究其存在的合理性,追寻其制度的优越性,认真严肃地分析其弊病。

第三环节:生活中的科举文化

师:科举制度虽已废除,科举文化却渗透生活、深入人心。今天在我们的生活中,也是随处可见。大家有没有观察过? 先请选择这个任务的同学来说说看。

生1:超市、网络平台上都有卖题写"连中三元"的笔。我买了一支回来,当作考试"加持",保佑我一下。

生2:我们现在区里统一考试时,卷子上会有装订线,名字写在里面后会封掉,这个就像科举考试的"弥封"。

生3:我去过嘉定的孔庙,里面有一个上海科举博物馆,科举文化在今天也变成一种旅游资源。

师:那个博物馆你看下来,印象最深刻的是什么?

生3:里面有考生作弊打的小抄纸,没想到他们能用毛笔把字写得那么小,还写得那么漂亮。

生4:我想跟大家分享一下这些年我被迫打卡的"状元府邸"。给大家看一下照片吧。从小去旅游,我妈看到门口写着"状元"的地方,都会拉我去拍照,然后教育我要好好读书。有一次是去温州泰顺一个叫徐岙底的古村,里面有一间屋子写着"举人府邸",我妈又把我拉去拍张照。拍完了,进去一看,里面放着把大刀,我觉得不太对劲。出门拐角再一看,竖着个说明,这是个武举人。我跟我妈说这是"武举"。她就说,我要真能中个"武举",那也很了不起了。我觉得她是科举文化"中毒"太深。

生5:南京的路名,南京有贡院街,平江府路,跟科举考场设置有关。还有朱状元巷、沈举人巷、三元巷这种跟科举考试名人有关的街巷名。

生6:我觉得"高考"就是我身边最近的科举文化,每年高考结束,新闻都会报道什么"高考状元",依然会用"状元"来形容考试成功的人。

师："高考",的确,在座所有同学都是一路读书考试这么走过来,学到科举制度想到高考,说一下这个考试制度让自己有多惨,期待一下没有考试该多好,这样的心情老师能够理解。不过,大家有没有想过,如果真的没有考试又会怎样呢?

第四环节:影片《高考1977》观后感

师:我们已经观看了电影《高考1977》,也请大家查阅了相关资料。1977年,中断了十年的高考制度得以恢复。这部电影反映的就是这一时期。那么那个时代的大学招生制度是什么? 有哪些流程?

生1:好像是大学举荐制度,需要看个人政治表现和工作表现。

生2:需要个人报名、群众推荐、组织审查,最后择优推荐。

师:那么大家觉得这样的制度会有什么弊端或问题?

生3:有关系、有背景的学生上大学的机会多,容易被推荐录取,而普通人上大学的机会少。

师:是的。大家在电影中看到很多人只是为了争夺一个名额而拼命竞争,进行可能要人命的扛包比赛。小根宝那么小的身板还是拼了命参加比赛,就是为了得到一个名额上大学,为了一个可以回家的机会。你们觉得如果不是通过考试录取上大学,会出现什么问题?

生4:大家都不会好好读书,上了大学也不可能好好读。

师:那你们觉得大学的生源会如何? 教育水平又怎样? 国家能培养出合格人才吗?

生5:生源肯定很差,大学估计水平也一般,人才自然不太可能有了。

师:没错。这样的推荐制度导致国家人才断层,所以邓小平刚刚接手教育工作就要恢复高考。你们觉得在大学推荐制度下上大学的机会多还是现在参加高考机会多?

生6:那还是考试多些。

师:电影中有一个场景,知青们在拼命追赶火车? 为什么?

生7:因为那是他们改变命运的希望,他们渴望抓住这个希望。

师:电影中陈琼的父亲说,"恢复高考比高考本身要重要得多,有意义得多"。你们怎么理解这句话?

生8:因为高考带来了公平和希望,带来了尊重知识和人才的环境。

师:说得很好。恢复高考后,高考制度一直在改革与完善中。整体而言,高考制度是目前中国最好的大学招生制度。大家赞同吗?

生:赞同。

师:我希望你们通过自己的努力,利用高考把握好自己的命运,而且未来有机会将高考变得更加公平、公正。

三、活动反思

本次主题活动从学习科举制度入手,引导学生搜集、整理、解释历史资料,探寻身边的科举历史与文化,在提升对科举变迁历程的认识和发展历史思维的同时,学会关注现实生活,从身边的历史入手,探究生活中的历史积淀,感受中国古代制度文明的智慧与创造力,认识源远流长、博大精深的中华文明。学生们在树立积极面对学习、面对高考的信念的同时，认识了科举文化的时代价值与现实意义，形成了文化传承意识、文化自信心。

在设计活动任务时，活动一、二考虑到了高一学生的学习特征与学段要求。学生们可以比较方便地在图书馆或互联网上获取资源，在搜集整理资源的过程中提升获取与整合信息的能力。

设计"身边的科举文化"与观看影片的活动，能激发学生的兴趣，提升参与度，能让历史服务于现实的学习生活体验与需要。

从实际落实来看，会有学生直接从网络大量摘录资料的现象，但是他们愿意站上前台，勇于展示成果也是锻炼个人能力、提升个人信心的机会。而且在"身边的科举文化"与观影讨论环节，学生的参与度明显更高。

依托思维广场，以情景式问题指向历史解释素养的学习活动设计
——以《中外历史纲要(上)》第二单元为例

上海市市西中学历史组/张海霞　赵　欢　杨　贻

历史是什么？历史是前人的足迹。历史学是什么？是记录和解释前人系列活动进程的一门学科。历史教学是什么？是以前人的足迹和对前人足迹的认识为对象而展开的各种层面的对话。从这个意义看，历史教学本质上是对话教学。同时，"双新"背景下，教师要在教学中把教学目标、教学内容、教学过程及教学反馈等聚焦于培养和发展学生的历史学科核心素养。指向核心素养的教学需要科学制定教学目标，依托单元主旨合理组织教学内容，有效设计教学过程，达到三个环节相互配合，方能有效完成。如何实现三个环节有效落实，笔者所在教研组通过教学实践，探索依托学校思维广场，以情景式问题为抓手，践行单元教学、问题引领、史料研习和素养落实为一体的教学路径，取得了良好的教学效果。

历史学的学科特性和"双新"要求与学校思维广场的学习本质高度契合。我校一部分历史课依托学校思维广场开展学习。在思维广场中，教师根据课程标准制作一份学习任务单，包括"基本知识点和知识框架"和"自主选择讨论主题"两部分内容。根据学习任务单，学生自主选择一个讨论话题并提前预约，经过查阅资料和自主学习后，按约定时间进入相应讨论室参加学习。

一、问题的提出

如何设置情景式问题？我们采取了从内容、目标、史料入手创设情景式问题，以单元内容主旨为中心，以核心素养培育为目标，以对话教学为动力的"三位一体"的实践路径。

(一)厘清单元结构，整合确定内容主旨，把握教学方向

根据课程标准和课程内容，厘清单元结构，搭建单课知识结构，提炼教学重点。在此基础上，概括和确定主题立意，形成内容主旨。内容主旨要有深意，要约而不简，从知识、思维、价值层面三个维度去思考，以适切的内容主旨保证教学指向准确。

(二)根据内容主旨，选择适合素养，夯实教学目标

历史教学是通过学科核心素养的培养达到立德树人之目的，而核心素养的培养是通过每节课堂和教学内容扎实推行的。在课堂教学目标中，根据内容主旨和学情特点，确定最适合本课内容的核心素养。

（三）选摘经典史料，创设学习场景，搭建思维路径

史料是历史教学资源的源泉，是再现历史的基本素材。史料教学不仅能激发学生的学习兴趣，而且能增强历史感，拓宽学生知识视野，帮助理解解释历史，从而培养思维能力。可以说，没有史料的历史课堂教学失去了历史学的真正活力。史料浩如烟海，有限课堂时空需要教师根据内容主旨和目标，明确运用史料目的；多查阅、多对比、多识别，精选史料，选择最需要和最经典的史料，运用多种（一手、二手、文献、图像等）史料、可信的史料，创设历史场景。教师要用好史料，让学生"看得见"史料，设计以史料研习为基础的学生探索活动，引导他们搜集、整理、辨析、运用历史材料来解释历史。

（四）确定关键问题，辅之合适对话，促成师生互动

史料是静止的呈现，要让史料活起来，教师要将史料的展示与问题的解决相结合，组织学生进行有价值的学习活动。依据内容主旨，根据史料特性和学生学习特性，确定关键问题，并以层级问题链呈现，促进学生理解和把握史料。以史料为媒介，以问题为抓手，师生在课堂充分体验、深刻思考，形成对话课堂。课堂教学中，辅之以即时性呈现学生思考过程的结构型板书，以促进师生互动。此外，课后拓展作业不是孤立存在的，而应围绕内容主旨和课堂关键问题设计，既能对学生课堂学习进行有效反馈，也能对课堂关键问题进行深入探索和开拓，从而加强对内容主旨的落实。具体见下图1。

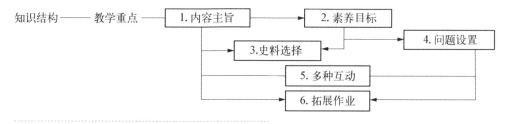

图1　历史课堂教学过程结构图

《中外历史纲要(上)》第二单元的内容主旨可以设置为：三国两晋南北朝至隋唐经历了由分裂走向统一的过程。三国两晋南北朝分裂时期各政权的制度建设、民族交融、经济发展和思想文化成就，均为隋唐制度的变化、创新与统一盛世局面的出现奠定了基础(见表1)。

表1　《中外历史纲要(上)》第二单元教学框架设计

	第5课	第6课	第7课	第8课
教学目标	了解政权更迭，知道历史脉络，认识这一时期的民族融合和区域发展；认识东晋士族的特殊社会地位及产生的原因和影响；理解北魏孝文帝改革	了解隋唐处理民族关系的方式和方法，认识隋唐时期的民族融合；了解隋唐时期封建社会的高度繁荣；从隋唐盛衰表里理解盛世形成的原因；梳理这一阶段的重要史实，认识历史发展趋势	知道选官制度、中央官制和赋税制度的变迁，认识这一时期的制度变化与创新，理解制度变化背后的时代背景；分析三省六部制、科举制、两税法对王朝统治和国家制度发展带来的影响	认识三国到隋唐思想文化领域的新成就，了解儒学、道教和佛教发展；知道文学艺术和科技成就；了解对外文化交流，体会中华优秀文明的世界影响；认识文化繁荣的原因

	第5课	第6课	第7课	第8课
核心素养	时空意识；家国情怀，理解民族交融、民族共同体的形成	时空意识；唯物史观，认识历史发展规律，理解人民群众是历史创造者	史料实证；历史解释，分析九品中正制与科举制的意义；家国情怀，从制度创新角度理解传统文明的优势	史料实证，感受辉煌的文化成就；历史解释，认识文化背后原因；家国情怀
史料情景	历史地图；《史记》《宋书》中关于江南经济发展的记载；《魏书》中关于孝文帝改革的记载；北朝壁画中关于民族融合的记载	《隋书》《贞观政要》中关于隋国力强盛、收归义仓的记载；关于贞观年间的盛世记载；关于唐末节度使权力的记载	传教士丁韪良《西学考略》对科举制的评价；《贞观政要论政体》中关于三省六部制设置的记载；《资治通鉴》、陆贽《翰苑集》、《白居易集》中关于两税法的相关记载	壁画、诗歌、正史中关于佛教发展的记载；图像史料（图画，壁画）；地图（玄奘西行，鉴真东渡）
核心问题	三国两晋南北朝的政权更迭是如何形成的？它与民族交融存在怎样的关系？民族交融又是如何影响这一政权对峙的局面的？政权更迭与民族交融背后的发展动力有哪些？	在国家治理上，隋朝是如何维护统一和王朝发展的？这些措施给隋朝统治带来什么影响？隋唐盛世如何形成，又是如何结束的？	隋唐制度是如何变化与创新的？它给隋唐的治理与中华民族的发展带来怎样的影响？	三国至隋唐文化繁荣的特点。这一多元文化形成的原因体现了怎样的政治状态？
拓展性作业设计	1. 关于孝文帝改革，清史学家赵翼在《廿二史札记》中认为"欲兴文治，不知武事已驰"，因丧失了鲜卑族的特性而导致很快灭亡；钱穆在《国史大纲》中则认为其灭亡是因"孝文帝南迁五年即死"，不认可汉化导致其灭亡。对此你持怎样的观点？ 2. 有人说南方士族的专权可能会突破君主专制制度而演变为常态化和制度化的寡头政治。说说你的看法	1. 试谈一谈隋为何要将义仓纳入统一管理？请查找资料讨论这样做可能带来的后果。试想唐贞观年间统治者是否也会采取同样的措施，阐述你的理由。 2. 唐朝前期数次出现盛世，这在其他朝代是鲜见的。你认为是哪些因素促成的？	1. "万般皆下品，唯有读书高"，"读书—考试—做官"成了中国历代知识分子不懈追求的目标。在这个过程中，科举制度起了重要的作用。有人说，科举制度培养了一群忠实的奴仆和死读书的书呆子；也有人说，科举制度在培养人才和推动社会进步上起到了重要作用。你是怎么看待科举制度的呢？科举制度在中国历史上利弊孰大？ 2. 唐代"在三省体制下，决策不再是单纯的皇帝个人行为，皇帝的最后决定权包含在政务运行的程式中"。据此分析三省六部制的特征，并分析这一制度对唐朝政治走向的影响	1. 许倬云在《万古江河》中论述道，隋唐秩序是秦汉秩序的延续，也是秦汉秩序的扩大。你是否同意这一观点？请结合证据谈谈你的认识。 2. 陈寅恪在《李唐氏族推测之后记》里解释唐强大的原因，提出"李唐一族之所以崛兴，盖取塞外野蛮精悍之血，注入中原文化颓废之躯，旧染既除，新机重启，扩大恢张，遂能别创空前之世局"。请你谈谈对此观点的理解

二、学习活动

(一) 孝文迁洛

1. 学习活动背景

本次学习活动的话题设计基于《中外历史纲要(上)》第二单元"三国两晋南北朝的民族交融与隋唐统一多民族封建国家的发展"第1课"三国两晋南北朝的政权更迭与民族交融"设计。三国两晋南北朝是中国历史上一个较长的大分裂时期,近四百年间,先后经历了三国鼎立、西晋的短暂统一、晋王室南移后的东晋十六国时期和不同政权南北对峙的南北朝时期。这是各政权频繁更替的混战时期,也是各民族交往交流交融的大发展时期,最终由大分裂走向了统一。

这一时期,三家归晋的统一力量来自北方政权,结束南北对峙的统一力量依然来自北方政权。虽然政权分裂与统一的具体原因各不相同,但体现的历史发展规律具有共性。北魏孝文帝改革是促进北方民族交融和经济发展的典型事件,迁都洛阳又是孝文帝改革的重中之重。本次学习活动设计以迁都洛阳的前因后果为主线,通过设计层级性的问题情景,全面探究孝文帝迁都洛阳的原因、策略和影响,引导学生分析改革的必然性、艰难性和历史发展的规律性,理解政权分裂时期蕴含着统一的趋势,培养历史解释能力、唯物史观与家国情怀。

2. 学习活动过程

环节一:教师出示第一组材料,引导学生通过史料解读和课堂讨论,分析孝文帝迁都洛阳的原因。

材料一:

高祖曰:"今代在恒山之北,为九州之外,以是之故,迁于中原""黄帝……亦迁于河南。"

——〔北齐〕魏收:《魏书》卷十四

材料二:

(魏主曰):"国家兴自北土,徙居平城,虽富有四海,文轨未一。此间用武之地,非可文治,移风易俗,信为甚难。崤函帝宅,河洛王里,因兹大举,光宅中原。"

——〔北齐〕魏收:《魏书》卷十九中

材料三:

孝文迁洛,不止慕古人居中土,盖欲身在近地,经营江左耳。

——〔宋〕叶适:《习学记言序目》

学生逐一提取材料信息,尝试从正统意识、仰慕汉文化、巩固统治、统一全国等角度对孝文帝迁都的原因进行分析和解释。部分学生能够根据自己的预学成果,用史料对现有观点进行补充和拓展,指出迁都还有为了远离北方柔然的进攻、摆脱平城太后势力的制约等因素的考虑。通过热烈的讨论和分享,学生认识到孝文帝迁都不是心血来潮之举,而是多因素综合推动的必然结果。

设计意图:通过史料构建问题情景,引导学生解读史料,分析孝文帝迁都和汉化改革背后深刻的社会根源,理解文化认同、统一全国是迁都的重要动力,将迁都事件置于民族交融的时代背景下进行探究学习。通过课堂交流讨论,开阔学生的认知视野,培育历史解释能力、唯物史观等学科核心素养。

环节二:教师出示第二组材料,学生通过史料解读和分析,归纳孝文帝迁都洛阳的主要策略。

材料四:

高祖初谋南迁,恐众心恋旧,乃示为大举,因以协定群情,外名南伐,其实迁也。旧人怀土,多所不愿,内惮南征,无敢言者,于是定都洛阳。

——〔北齐〕魏收:《魏书·李冲传》

材料五:

初,高祖迁洛,而在位旧贵皆难于移徙,时欲和合众情,遂许冬则居南,夏便居北。

——〔北齐〕魏收:《魏书·元晖传》

材料六:

(太子恂)深忌河洛暑热,意每追乐北方……与左右谋,欲召牧马轻骑奔代……引恂数罪。

——〔北齐〕魏收:《魏书·列传》卷十

在史料分析过程中,学生提出在孝文帝迁都的过程中,面对不同情景所采取的策略也存在较大差异。一开始以"南征"之名完成迁都之实,体现了孝文帝高超的政治智慧。为了减少守旧势力的抵触,孝文帝采取冬夏分居南北的策略;当迁都引发叛乱后,则是果断采取严厉镇压手段。在此基础上,教师引导学生从总体上分析孝文帝迁都的举措。学生懂得从不同事件中寻找规律和共性,提出以上史料总体上体现了孝文帝坚定迁都的智慧和决心,但也体现了迁都改革之不易。

设计意图:通过提供不同情景的史料片段,引导学生解读和分析史料,培养论从史出的史料意识和客观理性表达观点的历史解释能力。通过分析孝文帝的迁都策略,学生切身感受改革者的政治智慧,理解改革的复杂性和艰难性,为后面进一步讨论孝文帝迁都的影响做铺垫。

环节三:教师出示第三组材料,学生通过史料研习,分组讨论孝文帝迁都洛阳的影响。

材料七:

自宣武以后,洛阳之汉化愈深,而腐化乃愈甚,其同时之代北六镇保守胡化亦愈固,即反抗洛阳之汉化腐化力随之而益强。

——陈寅恪:《隋唐制度渊源略论稿》

材料八:

国势之衰实始于此(迁都洛阳)……盖徒欲兴文治以比于古帝王,不知武事已渐弛也。

——〔清〕赵翼:《廿二史札记·卷十四》

材料九:

南朝将领陈庆之出使北方,目睹了洛阳的风貌后发出感慨:"自晋宋以来,号洛阳为荒土,此中谓长江以北尽是夷狄。昨至洛阳,始知衣冠士族并在中原,礼仪富盛,人物殷阜。"

——摘自〔北魏〕杨衒之:《洛阳伽蓝记》

材料十:

南迁之计……谓武质而安,文华而乱,固已曲尽事情,离乎夷狄而未即乎中国,固不免有此祸。

然遂终自安于夷狄可乎……乌飞准绳,岂计一时之曲直? 是则以一时言,南迁于虏若为害,以永久言,于虏实为利也。

——吕思勉:《两晋南北朝史》

学生对以上具有冲突性的材料进行分组研习,自行选择观点加以论证说明,形成开放、客观的历史认识和理性评价。材料七指出迁都后的汉化改革加剧了北魏统治集团的分裂;材料八认为迁都后的文治导致了军事的松弛;材料九高度肯定孝文帝迁都促进北方地区的民族交融与经济发展;材料十否定了迁都有害、"文华而乱"的观点,肯定孝文帝迁都顺应了民族融合、国家统一的历史趋势。

设计意图:教师通过提供具有冲突性的历史材料,引导学生全面、辩证、理性地评价孝文帝迁都的影响。通过分析吕思勉先生的观点,引导学生遵循整体性、系统性的大历史观,肯定孝文帝迁都和改革对民族交融和隋唐统一所产生的深远影响。

3. 教师反思

该学习活动的设计基于三国两晋南北朝的时代背景,时间跨度长,政权名称较多。在学习活动中主要进行了以下思考与设计:首先,围绕重点难点教学,聚焦南北朝时期的政权对峙与民族交融,对教材内容进行合理取舍。以迁都洛阳为学习活动的探究切入口,侧重培养学生的历史思维和历史解释能力。其次,坚持以学生为主体,以史料情景为抓手,以问题探究为引导,通过学生自主阅读史料、查阅资料、分析思考、分享交流等学习活动,培养学生的学习主人翁意识和历史学科核心素养。最后,注重贯彻内容主旨教学,从对迁都洛阳的原因、策略和影响等一系列话题的设计和分析中,提炼出"大分裂中蕴含着统一"这一主旨,提升了学生学史悟史、认识历史规律的思维能力,实施效果总体达到预期目标。

(二) 地图中的历史

1. 学习活动背景

历史发展纵横交错,这就要求历史学习要将纵向观察与横向观察、时序性与空间性紧密结合起来,综合考察历史的发展。历史地图可表示人类历史活动特定的空间和进程。南宋史学家郑樵在《通志》中说,"索象于图、索理于书",这也体现了地图对于历史学习的重要性。时空意识是历史学科核心素养之一,能将某一史事定位在特定的时间与空间框架下进行探究,是课堂教学目标之一。本情景式问题试图通过地图认识南北朝与隋朝的时代特征,并能由此探讨制度创新的时代背景,培养时空意识,习得从时代现实的角度思考制度创新的原因。

情景式问题为"地图中的历史",具体表述为:面对不同的统治版图,杨坚会怎样筹谋自己的统治呢? 教师提供教材上的两幅历史地图,分别为《南北形势图》和《隋朝形势图》。

2. 学生活动过程

首先,教师借助情景,提出问题,引导学生进入特定时空。教师问题如下:有人说,地图是历史的一种浓缩。今天的两幅地图,统治力量一个是北周政权,一个是灭陈以后的隋政权。假设你是杨坚,你觉得作为统治者面对这两幅地图,会有怎样的谋划?对此问题,学生不仅关注到空间的大小、不同,还关注到南北不同地区的政治力量、经济与文化的差异。比如有同学提出:南方虽然经济发展较快,但难于管理,而且长期南北对峙,作为北方的统治者杨坚不太了解南方。北周政权是鲜卑族建立的政权,虽然有汉化改革,但是鲜卑族独特的高原文化也是统治者需要考虑的,因此可能对他的民族政策有影响。此外,北方经历了民族交融,少数民族与汉族相互交流与学习,形成了北魏后裔北周政权开放的民族心理。

其次,在讨论中,教师适时引导,帮助学生聚焦关键问题进一步思考。在学生们分析了杨坚面临不同的统治形势后,教师进而提出,长期南北对峙,士族南移、民族交融的时代特征下,杨坚希望统一后继续依靠士族吗?对此,学生们经探讨后认为,"要寻求更大群体支持,扩大统治基础",进而深入探讨九品中正制的选官制的弊端。鉴于其已成为维护士族特权的工具,隋朝统治者为了更好地选拔人才,加强对全国的统治,需要打破士族特权和九品中正制的选官制度,这是科举制产生的时代背景。

最后,在情景问题探讨中,学生之间相互启发,有效调动已有知识与体验,观察视角从"时代背景"到"统治行为"再到《治理创新》中的智慧,完成了时空意识和历史解释能力的提升,实现了从知识到思维的飞跃。他们从地图中看到隋朝重新统一后的时代特征,并能够从士族特权、九品中正制弊端和统治的人才需求角度思考统治者的制度与政策调整。有学生在谈到南北朝时期的分裂、融合与力量变换对统治者决策带来的影响时,认为隋唐不仅能够兼容并蓄,采纳汉魏南北朝以来不同区域、不同族群的制度文化加以融通运用,而且还能在此基础上进行改革创新,从中看到了历史的延续性。

3. 教师反思

该情景式问题的设置旨在探讨隋唐制度创新的时代背景。以地图向学生展现特定时代,能够给学生强烈的空间对比感,帮助学生更好地调动知识基础,迅速进入历史场景,启动学生的自我对话。以"假设你是杨坚"来设置情景,能够帮助学生理解作为统治者需要考虑不同地区的政治、经济与文化特色,从而更容易直面隋朝初建时的政治境遇,进而作进一步分析。在教学讨论中,教师不直接批评、否定学生的观点,而是及时鼓励,引导建立民主讨论氛围。同时,教师又适时进行引导,促进学生聚焦核心问题,围绕单元内容主旨进行思考,营造"开放又聚焦,深刻不单一"的讨论课堂,在充沛情感中实现思维提升,最终达到素养的培育。

(三)制度之探讨

1. 学习活动背景

本次思维广场的讨论题基于《中外历史纲要(上)》第二单元"三国两晋南北朝的民族交融与隋唐统一多民族封建国家的发展"第3课"隋唐制度的变化与创新"设计。本课包含三个子目,选官制度、三省六部制和赋税制度,课程标准的要求是"认识三国两晋南北朝至隋唐时期的制度变化与创新"。基于课程标准及学情,确立思维广场讨论题所要达成的教学目标——能够辩证评价科举制度的利弊,并基于观察视角、身份立场等差异,分析围绕科举制度产生不同评价的原因。通过三省六部制与之前制度的对比,理解三省六部制被誉为中国政治制度的"重大变革"的原因,能够基于后世中央机构与三省六部制的关联，理解三省六部制对后世的深远影响。

情景式问题一为"科举制之利弊"：你是怎么看待科举制度的呢？科举制度在中国历史上利弊孰大？

师："万般皆下品，唯有读书高。""读书—考试—做官"成了中国历代知识分子不懈追求的目标。在这个过程中，科举制度起了重要的作用。有人说，科举制度培养了一群忠实的奴仆和死读书的书呆子；也有人说，科举制度在培养人才和推动社会进步上起到了重要作用。

情景式问题二为"三省六部制之创新"：请结合材料和所学知识，谈谈唐朝三省的具体职责，你是如何认识三省六部制的？教师提供如下材料两则。

材料一：

唐初每事先经由中书省，中书做定将上，得旨再下中书，中书付门下。或有未当，则门下缴驳，又上中书，中书又将上，得旨再下中书，中书又下门下。若事可行，门下即下尚书省，尚书省但主书填"奉行"而已。

——〔宋〕黎靖德：《朱子语类》

材料二：

中国帝制时代的政治体制两千多年间似无实质性的重大变化，但在国家权力的运作方式上，却因社会政治经济形势的变化呈现出不同的运作机制……唐代"在三省体制下，决策不再是单纯的皇帝个人行为，皇帝的最后决定权包含在政务运行的程式中"。

——刘后滨：《唐代中书门下体制下的三省机构与职权》

2. 学生活动过程

在情景式问题一"科举利弊"的讨论中，教师和学生先聚焦"你如何看待科举制度？"这一核心问题，探讨科举制的优点及弊端。

首先，学生们认为科举制度相对公平是其延续千年的重要因素。学生 A 援引诗句"朝为田舍郎，暮登天子堂"，说明科举制度为寒门子弟提供了向上的阶梯。学生 B 在前一位同学的基础上，继续补充了科举制度与社会流动的相关资料，与同学们分享了美籍华裔学者何炳棣先生在《明清社会史论》中的分析。1962 年，何炳棣对当时所能搜求到的明清时期近一万五千名进士，两万多名贡生、举人的进士登科录及乡试、会试同年齿录进行了统计分析，详细考察了他们家族的三代履历，分析了科举制度对应考者向上和向下社会流动的概况。纵观整个明代历史，来自祖上三代没有功名家庭的进士合计占 47.5%，意味着来自平民阶层的举子的比例达到了四成以上。清代这一比例有所下降，但依然有 37.2%。何炳棣先生的研究结果以翔实的数据，证明了科举制度在维护社会公平方面的重要作用。学生 C 注重分析科举制度与文化传承的联系。在查阅了唐代科举内容的史料记载后，她得出了自己的结论——诗赋长期作为科举考试范围，有力地促进了唐代诗歌的繁荣。学生们在肯定科举制的文化贡献的同时，也认识到科举制的弊端。学生 C 表示，科举制度在施行过程中也出现了许多问题，比如片面强调文化和经典的传承，却忽略了其余领域的人才培养，比如工商业者。学生 D 继续补充科举制在明清时期出现的问题。在他看来，中国在明清时期逐渐落后于世界大势与科举制的僵化有着直接关联。为了进一步了解明清八股文的行文特点，他特意在网上查询了八股文的具体情况。八股文的文体由破题、承题、起讲、入题、起股、中股、后股、束股八部分组成,考生必须严格依照排比对偶的格式书写,不能自创格式,也不能跃出四书五经的范畴,这种僵化刻板的写作形式极大地束缚了读书人的思想,限制了人的创造力,甚至影响了整个社会的创新活力。

其次,教师适时抛出话题"科举制对中国而言是利大于弊,还是弊大于利呢?",引发学生进一步思考。在教师的预先设想中,学生们或许会受到前一讨论话题的影响,希望找出更多的优点或弊端,从而说服与自己持有相反意见的同学。但在实际的讨论过程中,学生们不仅没有反复纠缠于史实本身,反而直接将讨论上升至史学方法论层面,从不同时代、不同立场、不同视角分析了科举制度的利弊。学生 E 认为,科举制利弊孰大的问题在不同的时代背景下会得出不同的答案。在科举制度实施的早期阶段,它打破了之前贵族门阀垄断官场的状况,为大量有学识有才华的普通人提供了重要机会,是一项公平公正的选拔制度。但到了明清时期,即科举制度实行的后期,它对中国社会而言是弊大于利的。由于科举制度长期实行且未作调整和改进,逐渐无法适应新的时代需求,逐渐僵化,成为统治阶级维护封建统治的工具。学生 F 继续补充回答:如果从一个现代人的立场出发评价科举制度,会觉得它利大于弊。因为科举制度的许多弊端已经随着它的废除消失了,但科举制的优点依然延续至今,今天的人才选拔制度仍继承了科举制度考试选拔、重视才华等做法,维护了人才选拔的公平性。但如果站在清朝末年梁启超、康有为等人的立场上,便会认为科举制弊大于利。在晚清内忧外患的时局之下,科举制不仅无法选拔出适应工业革命需要的科技人才,还成为封建王朝巩固统治,束缚民众思想的工具,必须要被彻底废除。

学生们的讨论充分展现了他们对科举制度的全面思考和理解,展示了他们在历史制度分析上的辩证思维和批判性意识。他们从公平性、社会流动性、文化传承等多个角度出发,深入剖析了科举制度的优点和弊端。基于实证数据和理论分析的方法,展现了学生们的学术素养和研究能力,并且充分考虑了不同社会阶层和立场对于制度的评价,形成了多角度的历史观,丰富了对科举制度的认识。

在情景式问题二"三省六部制"的讨论中,教师先引导学生阅读提供的材料,梳理唐代三省具体职责的相关史实——中书省负责唐代机要文书的起草工作;门下省负责诏令的审核工作,同时可以驳回;尚书省下设六部,主要负责执行。在学生熟悉基本史实后,教师引导学生对三省的具体职责展开讨论,聚焦"三省体制下决策不再是单纯的皇帝个人行为"这一核心问题。学生 A 表示,三省各司其职的流程说明,唐代的政治决策已经形成了一套程序化的机制,各部门共同参与,决策不再完全依赖于皇帝个人的决断。在前一位同学回答的基础上,学生 B 重点分析了门下省的角色及作用——皇帝的诏书经中书省起草后,门下省进行审查,如果门下省不同意,皇帝的诏书便不能下发——这一制度设计对皇权形成了一定程度的约束,证明了"三省体制下的决策并非单纯的皇帝个人行为"。

在结束了三省六部制具体运行机制的分析后,学生们的讨论开始上升至对三省六部制的评价。在教师的引导下,学生细心剖析教材上对三省六部制的评价——三省六部制是"中国政治制度的重大变革,对此后历朝产生了深远影响"。一番激烈的讨论后,学生 C 给出了自己的见解——"重大变革"是将三省六部制与前代中央行政体制对比后得出的结论,"深远影响"是侧重三省六部制的后世影响。围绕两个探究问题,学生形成两组,展开讨论。

为何与前代制度对比后，三省六部制能被称为重大变革呢？

学生C对比了三省六部制与三公九卿制的差异。在三公九卿制下，丞相集决策、审议、执行权于一身。而在三省六部制中，相权被一分为三，大大削弱了丞相的权力。学生D则更进一步对比了秦汉九卿和唐代六部官员的职责范围，发现秦汉的九卿中既有管理国家政务的职位，又有管理皇帝私人事务的职位，中央政府中皇家事务与国家事务之间的分界线是非常不清晰的。唐代的六部则都是管理国家事务的行政机构。比起九卿，六部的职能划分更为合理。比起秦朝，唐代的官僚体系相对更为成熟。

那么，三省六部制对后世又有何深远影响呢？

学生E详细比较了后世宋、元、明、清等朝代中央行政机构与三省六部制的联系。宋朝的中央行政机构名称为中书门下，是继承唐后期的中书门下体制的表现。宋代最高行政长官称"同平章事"，也继承了唐代的称谓。作为行政中枢的三省虽在后世不断变化，但负责执行政务的六部一直延续到清朝。更为重要的是，后世继承了三省六部制从制度上分散相权以加强皇权的做法，君主专制不断走向顶峰。

学生们的讨论上溯秦汉，下达明清，并未局限于对唐代政治体制的分析。聚焦"重大变革"和"深远影响"的讨论既深化了大家对三省六部制在中国古代政治制度发展历程中地位的认识，也初步让学生们体会了如何在长时段视角下分析政治制度的作用及其影响的方法。

3. 教师反思

本课内容属于制度史范畴，在常规课堂教学中，教师已经讲解了与科举制、三省六部制相关的史实。思维广场的问题设计应当更多基于学生的"最近发展区"设计，关注对两项制度的评价，关注学生历史解释素养的培养，提高学生基于史料分析历史问题的能力。如，讨论题一"你是怎么看待科举制度的呢？科举制度在中国历史上利弊孰大？"聚焦如何基于不同的观察视角、身份立场，分析围绕科举制度产生不同评价的原因，辩证看待科举制度的历史影响。讨论题二"如何认识三省六部制？"同样聚焦制度的评价，并且从历史长时段视角出发，引导学生审视三省六部制与前代制度的联系及其对后世制度的影响。

基于具体环节落实核心素养。第一个讨论案例通过相关设问，引导学生理解身份、立场的差异对政治制度评价带来的影响，引导学生用发展辩证的视角看待政治制度的演变，在课堂中渗透历史解释这一核心素养。第二个讨论案例则引导学生从长时段视角出发，将三省六部制置于政治制度演进的脉络之中，具体分析其如何实现对前代制度的继承与突破，并对后世制度形成深远影响，从而理解三省六部制被誉为"重大变革"的具体原因。

两个讨论案例虽已尝试基于学生的"最近发展区"进行问题设计，但不免有不足之处，还需要基于具体学情调整活动设计，更好地提升学生的历史解释能力。

三、总结反思

通过教学实践，我们认为设置情景式问题有利于对话教学的展开，也有利于历史学科核心素养的培育。情景式问题的教学应如何进行？首先，在情景式问题设置上，要基于课程标准与核心素养的分解与分层，立足于合适的内容主旨，并建立在一定的史料分析的基础上。其次，情景式的问题设置要有利于进行有效对话，从四种层面激活与推动以对话培育学生的历史解释素养。

（一）注重体验性：启动学生与本我对话

在思维广场的学习中，教师根据教学要求制作一份学习任务单。学生根据学习任务单，自主选择讨论问题。学生在上课之前需要做出选择，选择的依据通常是学生已有知识和体验，也就是学生必须启动与自我的对话方能完成选择。因此，好的问题设计必须考虑到学生的这种体验性，让学生能够选择并且愿意选择。

在科举制度的教学中，教师设置了讨论主题：请你为唐太宗初期的进士科设置两道题目并说明设置理由。这个讨论主题因为贴近学生的体验，因此选择的学生有很多；在学习东晋士族专权时，教师设置了"如果你是王导家族，你建议通过什么方式扩大势力？"在探讨孝文帝汉化改革时，教师起初设置的话题是"孝文帝的汉化改革会带来哪些反对意见？"，在第一个班级讨论中，选择这个话题的学生较少。在课后与学生的交流中，学生提出此主题距离他们过于遥远，因较难讨论而不敢选。教师考虑后将问题调整为"如果你是鲜卑贵族，你最不能接受哪些改革内容？"作为一个情景式话题，增强了代入感和体验性，因此在第二个班级的讨论中选择的学生人数大为增加，学生普遍感觉谈"自己最不能接受"的话题让自己有话可说，有真正的发言权。

在话题设置中，教师要能充分调动学生已有知识和情感体验，真正启动学生与本我的对话，这样既能促成学生的选择，又能推动学生在讨论时畅所欲言，为对话教学提供基本保证。

（二）注重未知性、拓展性：启动本我与外在世界的对话

话题的设置要考虑到体验性、兴趣性，但不能仅限于此，否则学生缺少"发展区"。为了更好地促进学生发展，话题设置必须要能激励学生自主学习，主动学习，让学生向未知世界开发，与外在世界对话。简言之，就是要学生有"求知欲、求知区"。

针对科举制的学习，教师除了设置考试题目的情景开启对话外，还通过提供一手史料"唐科举题目"，让学生通过比较两种试题的区别，探讨这样设置进士科的目的。这样的新情景是没有现成答案的，学生要回答这个问题，就必须去查阅科举制的意义、唐代初期的政治局势等，才能够形成自己的认识。这场讨论有 15 位学生参与，很多学生谈到了科举考试与高考的联系，通过分析现代教育与传统教育的目的、内容、功能等的异同，来尝试解释这个问题。可见，学生进行了有效的对话与自主学习。

认同多元一体，民族交融是历史核心素养中很重要的价值观之一。在民族交往相处中，如何对待不同文化，不同时期不同民族进行了多种多样的交流，教学中应对这个问题进行思考。就孝文帝汉化改革，教师进行了这样的设置：孝文帝学习汉文化，遭到了太子的反对，最终太子被处死。你如何看孝文帝的改革？要进行这样的探讨，学生需要了解南北朝的时代特征及汉化政策的改革措施等相关内容，这些"未知世界"就促使学生查阅资料，与外在世界进行对话。

（三）注重思辨性、多元性：启动生生与师生对话

对话教学要求在宽松的学习环境下，在促进学生倾听、分享和对话中实现思维碰撞，从而达到核心素养的培育。教师的主题教学也要在内容设置、教师引导与参与上最大限度地推动对话教学。

首先，话题设置要有思辨性和多元性。汉化改革是否是"去鲜卑化"？九品中正制按门第来选拔官员是否具有时代的必然性？江南的发展与民族交融是否有着必然的联系？隋朝的灭亡是因为制还是政？类似这样的主题，用简单的非此即彼式的回答都不能很好地解释历史现象。在讨论过程中，学生的讨论非常充分，经常出现一个学生发言亮明观点后，几个学生争相发言的情况，这样的讨论体现了生生对话的热烈程度。究其原因，应该与话题内容设置得适当有密切联系。相反，诸如"汉化改革有哪些去鲜卑化的表现""九品中正制的弊端有哪些"等这类问题思维单性化，知识性强，不利于思辨，应尽量少出现。

其次，在讨论过程中，教师要适度参与，做到既参与又不过度参与。针对学生中出现的观点争鸣和意见分歧，教师不要做"着急的仲裁官"，而应做"缓和的心理师"，做到鼓励发言，肯定发言，引导发言。一个好的心理师几乎不直接评价当事者的过失，而是用引导的方法让当事人自我发现，从而实现自我成长。在思维广场的讨论过程中，教师要做到：第一，多启发少评价；第二，重方法评价轻结论评价；第三，评价的目的在于引发对话。在比较隋炀帝功过是非的讨论中，有的学生说《隋书》从品行、行为及统治政策三方面否定了隋炀帝。作为正史，其评论可信。对此，教师没有立即进行评价，而是提出《隋书》成书于什么时期？""隋炀帝还有什么统治行为是《隋书》没有记载的？""大运河在当时和以后有什么样的影响？"等问题进行引导。讨论过程中，通过生生对话、师生对话，学生基本能够从史料的角度、立场分析可信程度，从过去、当时和未来三个时间维度，从主观目的和客观后果等视角，多方面分析隋炀帝及隋朝统治的影响。在"贞观之治盛世形成"的讨论中，教师引导学生思考"吸取隋亡教训的意义在于什么""统治者吸取隋亡教训对自我会有什么要求"等。通过这样的讨论，学生在对话中思维不断拓展，获得了自我发现，教师也适时开展了时空意识、历史解释等核心素养的培养。

（四）注重生成性、延伸性：再次启动学生与本我对话

思维广场学习的最后一个环节要求学生在参与一场话题讨论后，根据讨论整理完成此主题的书面作业。这一环节旨在培养学生的书面表达能力、知识综合能力和自我反思能力，实质上是再次启动学生与本我的对话。一场充分的主题讨论，是能够促使学生进行再思考，并把探讨延伸到课外的学习，是讨论虽结束但思考尚未结束的学习。

在主题设置上选择有延伸性的话题。如：大运河带给了我们什么？你如何帮助唐朝统治者去除外重内轻的弊端？从隋唐统治看君民理念的演变，多元一体的民族文化观的形成及对中国的影响。这些话题给予了学生足够的思考空间，让学生在走出课堂时意犹未尽，依然带着问题投入新的学习。

在讨论过程中，教师要善于生成。很多主题的讨论，由于学生准备充分，形成良好的讨论氛围，就很好地促进了生生互动，所以会出现教师意想不到的很多生成性惊喜，教师应及时抓住机会，给

予进一步的引导。在三省六部制讨论中,有学生提出,三省六部制与三权分立制是相同的。马上就有其他学生指出,两者之间是截然不同的,因为社会背景不同。教师顺势提出,制度背后的社会背景不同,是否就必然带来不同的制度? 假如你是唐太宗或华盛顿,你希望中书官员魏征或国会议员在决策中发挥什么作用? 请查阅资料来分析。这种生成是极富成效的,有的学生在课后查阅了唐朝与美国的历史后,以"一封来自皇帝与总统的信"完成了关于这个问题的书面作业。从中可以看到,学生再次启动对话,完成了一次更好的思考之旅。

　　总之,情景式问题的内容设置适当和讨论过程的有效开展,更有利于对话的深入,既符合历史学习的本质,实现核心素养的培养,又能更好地培养学生辩证思维的观念、科学思维的方法,对学生创新意识和实践能力的形成也极为重要。

图书在版编目（CIP）数据

指向核心素养学习活动的设计与实施. 高中历史分册 / 左卫星主编. — 上海：上海教育出版社，2024.9.
（静安教育·学习活动设计与实施系列丛书）. — ISBN 978-7-5720-3035-2

　Ⅰ. G633

中国国家版本馆CIP数据核字第20240N8104号

责任编辑　戴燕玲
封面设计　蒋　妤

静安教育·学习活动设计与实施系列丛书
指向核心素养学习活动的设计与实施　高中历史分册
左卫星　主编

出版发行　上海教育出版社有限公司
官　　网　www.seph.com.cn
地　　址　上海市闵行区号景路159弄C座
邮　　编　201101
印　　刷　上海商务联西印刷有限公司
开　　本　787×1092　1/16　印张 10.5　插页 1
字　　数　250 千字
版　　次　2024年10月第1版
印　　次　2024年10月第1次印刷
书　　号　ISBN 978-7-5720-3035-2/G·2696
定　　价　68.00 元

如发现质量问题，读者可向本社调换　电话：021-64373213